I0002302

ÉCRAN BLEU DE LA MORT

Impact des Pannes Informatiques sur la Société Moderne

Cedric Yumba K

TABLE DES MATIÈRES

Page de titre

Introduction   1

Chapitre 1 : Introduction aux pannes informatiques   3

Chapitre 2 : Étude de cas : L'attaque WannaCry   16

Chapitre 3 : Étude de cas : La panne AWS de 2017   31

Chapitre 4 : Autres incidents notables   46

Chapitre 5 : Conséquences sociétales des pannes   62
informatiques

Chapitre 6 : Prévention des pannes futures   79

Chapitre 7 : L'incident Microsoft-Crowdstrike (Juillet 2024)   103

Conclusion   110

INTRODUCTION

Dans notre société contemporaine, les systèmes informatiques sont devenus le pilier central autour duquel s'organise une multitude d'activités humaines. Ils pilotent les communications, gèrent les transactions financières, contrôlent les infrastructures essentielles, et facilitent le travail et le divertissement. Cependant, cette interdépendance technologique a également engendré une vulnérabilité sans précédent. Lorsqu'un système informatique tombe en panne, les répercussions peuvent être colossales, affectant des millions de personnes et causant des perturbations significatives à l'échelle mondiale.

Ce livre, "Écran Bleu de la Mort: Impact des Pannes Informatiques sur la Société Moderne", se propose d'examiner de près ces moments de défaillance, ces instants où nos systèmes faiblissent et la société en ressent les secousses. Des incidents mémorables, tels que l'attaque virale WannaCry en 2017 et la panne catastrophique d'Amazon Web Services la même année, illustrent à quel point une simple brèche dans l'armure technologique peut semer le chaos.

À travers des études de cas détaillées, nous explorerons non seulement les caractéristiques et les causes de ces pannes, mais également leurs impacts socio-économiques et les leçons cruciales à en tirer. Nous nous plongerons dans la manière dont ces incidents ont affecté les entreprises, les services publics, et les individus, tout en apportant des perspectives sur les stratégies de prévention et d'adaptation mises en place pour éviter de tels scénarios dans le futur.

L'objectif de cet ouvrage est double. D'une part, il vise à sensibiliser un public large aux risques inhérents aux infrastructures technologiques sur lesquelles repose notre monde moderne. D'autre part, il cherche à fournir des connaissances pratiques sur les pratiques exemplaires et les innovations qui peuvent renforcer la résilience de ces systèmes face aux pannes inévitables.

Ensemble, nous allons décortiquer ces échecs informatiques pour en comprendre les mécanismes, les conséquences et les mesures correctives, dans l'espoir d'édifier un avenir où le "Blue Screen" ne soit plus synonyme d'apocalypse, mais plutôt un simple incident de parcours maîtrisé.

CHAPITRE 1 : INTRODUCTION AUX PANNES INFORMATIQUES

La montée en puissance de la technologie dans notre quotidien a révolutionné la façon dont nous vivons, travaillons et communiquons. Cependant, cette dépendance croissante aux systèmes informatiques expose également notre société à des risques importants en cas de défaillances. Ce premier chapitre établit les bases de notre exploration des pannes informatiques, en mettant en lumière leur impact potentiellement dévastateur et la nécessité de stratégies robustes pour les prévenir et les gérer.

1.1 L'importance des systèmes informatiques dans le monde moderne

L'ère numérique a transformé notre quotidien de manière profonde et irréversible. Les systèmes informatiques sont désormais intégrés dans les fondations même de la civilisation moderne, agissant comme des catalyseurs pour l'innovation, l'efficacité, et la connectivité à l'échelle mondiale. Leur importance se manifeste dans presque tous les aspects de la vie contemporaine, allant des transactions commerciales à la communication personnelle, en passant par la gestion des infrastructures critiques.

Prenons par exemple le secteur de la santé. Les systèmes informatiques sont essentiels pour le stockage et la gestion des dossiers médicaux électroniques, améliorant ainsi l'accès et la précision des informations médicales critiques. Les technologies telles que la télémédecine et les appareils médicaux connectés permettent également d'offrir des soins de santé à distance, réduisant ainsi la barrière géographique pour les patients. De plus, l'analyse de données à grande échelle aide à prédire les épidémies et à personnaliser les traitements, augmentant ainsi l'efficacité des interventions médicales.

Dans le domaine financier, les systèmes informatiques rationalisent les transactions et les opérations bancaires. Les bourses mondiales s'appuient sur des algorithmes sophistiqués pour traiter des milliers de transactions par seconde, garantissant la fluidité et l'efficience des marchés. Les services bancaires en ligne offrent une commodité sans précédent, permettant aux utilisateurs de gérer leurs finances depuis n'importe quel endroit. Cette infrastructure financière repose sur un réseau complexe et interconnecté de bases de données, de serveurs, et de protocoles de sécurité.

Les infrastructures critiques, telles que les réseaux électriques et les systèmes de transport, dépendent également fortement des systèmes informatiques. Les réseaux électriques intelligents utilisent des capteurs et des logiciels pour optimiser la distribution de l'énergie, prévenir les pannes, et intégrer les sources d'énergie renouvelable. Les systèmes de gestion du trafic aérien et ferroviaire s'appuient sur des calculs en temps réel pour coordonner les horaires et assurer la sécurité des déplacements. Même les systèmes d'approvisionnement en eau et de traitement des déchets bénéficient des avancées technologiques pour améliorer leur efficacité et résilience.

Les entreprises modernes utilisent les systèmes informatiques pour augmenter leur productivité et leur compétitivité. Les logiciels de gestion de la chaîne d'approvisionnement, par exemple, permettent une coordination précise des opérations logistiques, réduisant les délais et les coûts. Les plateformes de communication et de collaboration facilitent le télétravail et la collaboration à l'échelle mondiale, rendues plus indispensables que jamais en période de crise, comme celle provoquée par la pandémie de COVID-19. L'essor du commerce électronique repose également sur des infrastructures informatiques robustes qui permettent la gestion des transactions, des stocks et des livraisons, transformant ainsi les habitudes de consommation.

La communication personnelle et les réseaux sociaux sont un autre domaine où les systèmes informatiques jouent un rôle central. Ils permettent aux individus de rester connectés avec leurs proches, de partager des informations instantanément et de créer des communautés virtuelles autour de centres d'intérêts communs. Les plateformes de médias sociaux, comme Facebook, Twitter et Instagram, influencent non seulement la manière dont nous communiquons mais aussi la manière dont les informations se diffusent à travers le monde.

L'éducation et la recherche ont également été révolutionnées par l'informatique. Les plateformes d'apprentissage en ligne et les ressources éducatives accessibles via internet ont démocratisé l'accès au savoir, offrant des opportunités d'apprentissage sans précédent. Les outils de simulation et de modélisation informatique permettent aux chercheurs de mener des expériences complexes, de traiter de vastes ensembles de données, et de développer de nouvelles technologies plus rapidement que jamais auparavant.

L'importance des systèmes informatiques ne saurait être surestimée. Ils sont le moteur de notre progrès économique, social, et technologique, reliant les différentes composantes de notre société moderne dans un réseau d'interdépendances complexes. Mais cette reliance accrue vient avec ses propres défis et risques. Une compréhension claire de ces systèmes et de leur importance nous prépare mieux à affronter les perturbations inévitables qu'ils peuvent susciter.

1.2 Les pannes techniques

Les pannes techniques représentent l'une des principales causes de défaillance des systèmes informatiques. Ces pannes peuvent résulter de diverses sources, y compris des erreurs de logiciel, des défaillances matérielles et des interruptions de réseau. Chaque type de panne technique présente des défis uniques et peut avoir des conséquences variées en fonction du contexte dans lequel la panne se produit.

Les erreurs de logiciel sont courantes et peuvent varier de simples bogues à des défauts critiques dans le code. Un exemple notoire est la panne de l'application Google Maps en 2016, qui a laissé des millions d'utilisateurs sans accès à leurs services de navigation pendant plusieurs heures. Une petite erreur dans le code peut rapidement se propager et affecter des systèmes interconnectés de manière imprévisible, entraînant des dysfonctionnements à grande échelle. Lors de l'incident AWS de 2017, une simple commande incorrecte lors d'une procédure de maintenance courante a entraîné l'indisponibilité de nombreux services en ligne pendant des heures, causant des perturbations considérables pour plusieurs entreprises.

Les défaillances matérielles constituent une autre source majeure de pannes techniques. Les composants physiques des systèmes informatiques, tels que les serveurs, les disques durs et les routeurs, sont sujets à l'usure et peuvent tomber en panne de manière inattendue. Un exemple emblématique de défaillance matérielle est la panne massive de Microsoft Azure en 2013, due à une défaillance des systèmes de refroidissement dans un centre de données, provoquant la surchauffe des serveurs et entraînant l'arrêt des services pour des milliers d'utilisateurs. De manière similaire, une panne matérielle dans un centre de données de British Airways en 2017 a causé l'annulation de centaines de vols et des perturbations majeures dans les services aériens, affectant des milliers de passagers.

Les interruptions de réseau représentent une autre catégorie de pannes techniques souvent difficiles à prévoir et à gérer. Les réseaux informatiques reliant différentes entités à travers le monde sont vulnérables à divers types de perturbations, y compris les coupures de câbles sous-marins, les problèmes de configuration des routeurs, et les congestions du réseau. Par exemple, en 2008, plusieurs câbles sous-marins reliant l'Europe à l'Asie ont été endommagés presque simultanément, entraînant une perturbation massive des communications internet dans toute la région. Les pannes de réseau peuvent paralyser les systèmes de communication, rendant les services en ligne inaccessibles et perturbant les opérations des entreprises.

Les pannes techniques peuvent également être exacerbées par le phénomène de « cascade », où une défaillance dans un système entraîne des pannes successives dans d'autres systèmes interconnectés. Cela a été illustré par la panne de l'infrastructure de distribution de l'énergie en Inde en 2012, qui a touché plus de 620 millions de personnes. Une simple défaillance technique dans l'infrastructure électrique a entraîné une cascade de pannes dans plusieurs régions, privant des millions d'habitants d'électricité pendant plusieurs heures et affectant des services essentiels.

La gestion et la prévention des pannes techniques nécessitent des stratégies robustes et une vigilance constante. La redondance et la diversité des chemins de communication sont cruciales pour assurer la résilience des réseaux. Par exemple, l'utilisation de réseaux de secours et de systèmes de basculement peut minimiser les impacts des pannes en permettant une reprise rapide des opérations. De plus, les pratiques de maintenance proactive et les tests réguliers des systèmes peuvent identifier et corriger les vulnérabilités avant qu'elles ne causent des pannes majeures.

Les pannes techniques sont inévitables dans un monde où la technologie domine les aspects fondamentaux de notre vie quotidienne. La fréquence et les conséquences de ces pannes soulignent la nécessité d'une infrastructure résiliente et de stratégies de gestion des risques bien élaborées. Une compréhension approfondie des différents types de pannes techniques et de leurs causes est indispensable pour anticiper et atténuer leurs impacts, garantissant ainsi une continuité optimale des services cruciaux pour notre société moderne.

1.3 Les erreurs humaines

Les erreurs humaines représentent une autre source majeure de pannes informatiques, souvent plus insidieuse car résultant non pas d'un dysfonctionnement technique, mais d'une action ou d'une omission par une personne. Ces erreurs peuvent prendre diverses formes, allant de la mauvaise configuration des systèmes à l'exécution de commandes incorrectes, et de la négligence dans les mises à jour à l'ignorance des protocoles de sécurité. Leur impact est parfois aussi dramatique que celui des pannes techniques, mais elles sont souvent plus difficiles à prévoir et à prévenir.

Un exemple classique d'erreur humaine ayant causé une panne massive est celui de l'incident de Knight Capital en 2012. Cette société de trading algorithmique a perdu environ 440 millions de dollars en seulement 45 minutes en raison d'une mise à jour logicielle défectueuse. Une simple erreur de configuration lors de la mise en production a causé une réaction en chaîne d'achats et de ventes erronées, illustrant comment une erreur humaine, dans un environnement hautement informatisé, peut avoir des conséquences désastreuses en un temps très court.

Les erreurs humaines peuvent également survenir lors des procédures de maintenance régulière. Par exemple, en 2017, une erreur humaine a provoqué une panne majeure du service Uber en Europe. Les ingénieurs effectuaient une mise à jour planifiée lorsqu'une commande incorrecte a été exécutée, entraînant l'arrêt des serveurs et l'interruption du service pour des millions d'utilisateurs pendant plusieurs heures. Ce type d'erreur est particulièrement périlleux car il survient souvent lors de tâches routinières, où un sentiment de complaisance peut s'installer.

Les erreurs humaines ne se limitent pas aux actions malavisées, elles incluent également les omissions. Un exemple pertinent est l'incident de la compagnie aérienne Delta en 2016. Une série de pannes informatiques a été déclenchée par l'omission de suivre les procédures standards de redémarrage des systèmes informatiques après une coupure d'électricité. Cette négligence a rendu les systèmes indisponibles pendant de longues heures, affectant des milliers de vols et des centaines de milliers de passagers.

Un autre aspect crucial des erreurs humaines est l'ignorance ou la non-conformité aux protocoles de sécurité. La célèbre attaque de Target en 2013, un des plus grands piratages de données de l'histoire, a été facilitée par le manque de vigilance des employés en matière de sécurité informatique. Les pirates ont accédé aux systèmes de Target via un fournisseur tiers, exploitant une négligence liée à l'application des mesures de sécurité. Cela a abouti au vol des informations de cartes de crédit de millions de clients. Cette incident montre comment des comportements humains mal informés ou laxistes peuvent ouvrir des brèches exploitables dans la cybersécurité.

La formation inadéquate des employés en matière de nouvelles technologies et de systèmes opérationnels est une autre source d'erreurs humaines. Lorsqu'un nouveau système ou une nouvelle procédure est introduit sans une formation adéquate, le risque d'erreurs augmente considérablement. Par exemple, la migration vers un nouveau logiciel de gestion des patients dans un hôpital du Midwest américain a conduit à une série d'erreurs de programmation et d'alimentation des données, car le personnel n'avait pas été suffisamment formé à l'utilisation du nouveau système. Ces erreurs ont eu des conséquences directes sur la qualité des soins prodigués, illustrant le danger de sous-estimer l'importance de la formation du personnel.

Les erreurs humaines sont également exacerbées par des environnements de travail stressants ou mal gérés. La surcharge de travail, les délais serrés et la fatigue peuvent rendre les employés plus enclins à commettre des erreurs. Le crash de l'application Robinhood en 2020, qui a laissé des millions d'utilisateurs incapables d'acheter ou de vendre des actions pendant une période de volatilité du marché, est en partie attribué à des conditions de travail sous haute pression. Les ingénieurs surmenés ont pris des décisions hâtives et ont négligé certaines procédures de vérification cruciales.

Pour atténuer les risques associés aux erreurs humaines, il est essentiel de mettre en place des procédures rigoureuses, de promouvoir une culture de la vigilance et de la responsabilité, et de garantir une formation adéquate et continue des employés. Les entreprises doivent également instaurer des contrôles de qualité solides, des audits réguliers et des plans de reprise après sinistre bien établis. Ainsi, bien que les erreurs humaines soient inévitables, leurs répercussions peuvent être minimisées grâce à des stratégies d'atténuation efficaces. Ces mesures permettront de protéger les systèmes critiques contre les pannes évitables et de maintenir une résilience opérationnelle face à l'erreur humaine.

1.4 Les actes malveillants

Les actes malveillants, perpétrés par des cybercriminels, des hacktivistes ou des acteurs étatiques, représentent une autre source majeure de pannes informatiques. Ces attaques sont souvent conçues pour causer des dégâts, voler des données sensibles ou perturber les opérations. Les motivations peuvent varier de l'appât du gain financier à des intentions politiques ou idéologiques, rendant ces menaces d'autant plus complexes et dangereuses.

L'une des attaques malveillantes les plus célèbres et dévastatrices de l'histoire récente est celle du ransomware WannaCry, qui a ravagé des systèmes informatiques à l'échelle mondiale en mai 2017. WannaCry exploitait une vulnérabilité dans les systèmes Windows, cryptant les fichiers des utilisateurs et exigeant une rançon pour restaurer l'accès. Le réseau national de santé du Royaume-Uni (NHS) a été particulièrement touché, provoquant l'annulation de milliers de rendez-vous médicaux et des retards dans les soins aux patients. Les conséquences économiques et sociales ont été énormes, révélant à quel point un seul acte malveillant peut paralyser des services essentiels.

Un autre exemple frappant est l'attaque par déni de service distribué (DDoS) contre Dyn, une société de gestion de domaines internet, en octobre 2016. Cette attaque a utilisé un réseau massif d'appareils infectés, tels que des caméras de surveillance et des routeurs domestiques, pour inonder les serveurs de Dyn de trafic, les rendant inaccessibles. En conséquence, de nombreux sites internet majeurs, dont Twitter, Netflix, et Reddit, ont subi d'importantes interruptions de service. Cette attaque a montré comment des appareils apparemment innocents et banals pouvaient être transformés en armes puissantes par des attaquants malveillants.

Les cyberattaques motivées par des intentions géopolitiques constituent une menace croissante. Le piratage de la société américaine de logiciels SolarWinds, découvert en décembre

2020, est un exemple pertinent. Des attaquants soupçonnés de travailler pour un état-nation ont compromis la chaîne d'approvisionnement de SolarWinds, ajoutant un code malveillant à ses mises à jour logicielles. Ce malware a infecté environ 18 000 clients de SolarWinds, y compris des agences gouvernementales américaines, des entreprises de technologie et des infrastructures critiques, permettant aux attaquants d'espionner et d'exfiltrer des données sensibles pendant des mois avant d'être détectés.

Les attaques visant les infrastructures critiques sont particulièrement préoccupantes. En décembre 2015, une cyberattaque sophistiquée a ciblé le réseau électrique ukrainien, éteignant l'électricité de centaines de milliers de foyers pendant plusieurs heures. Les attaquants ont utilisé des logiciels malveillants pour prendre le contrôle des systèmes de distribution d'électricité, interrompant délibérément les services. Cet incident démontre comment des acteurs malveillants peuvent cibler des infrastructures vitales pour déstabiliser des régions entières.

Les menaces internes représentent une autre dimension des actes malveillants. Les employés ou les contractuels ayant un accès privilégié aux systèmes peuvent, pour diverses raisons, choisir de commettre des actes malveillants. L'exemple d'Edward Snowden, un ancien employé de la NSA qui a divulgué des documents classifiés, souligne les risques posés par les insiders. Bien que ses motivations aient été d'ordre éthique et politique, ses actions ont exposé des vulnérabilités et des opérations sensibles, compromettant la sécurité nationale et internationale.

Les attaques visant à voler ou à compromettre des données sensibles sont également fréquentes. Le piratage d'Equifax en 2017, où des cybercriminels ont accédé aux informations personnelles de plus de 147 millions d'individus, illustre ce type de menace. Les données volées comprenaient des numéros de sécurité sociale, des adresses et des informations financières, créant un risque important de fraude et de vol d'identité pour les victimes. Cette brèche a mis en lumière la nécessité pour les entreprises de protéger rigoureusement les données sensibles de leurs clients.

Enfin, le phishing et les attaques par ingénierie sociale continuent d'être des méthodes efficaces pour pénétrer les systèmes informatiques. Les attaquants exploitent la confiance et la crédulité des individus pour obtenir leurs informations de connexion ou installer des logiciels malveillants. Une célèbre campagne de phishing en 2016 a ciblé les membres du Comité National Démocrate des États-Unis, compromettant les emails et les informations internes. Ces attaques exploitent la vulnérabilité humaine pour ouvrir une brèche dans les défenses techniques.

Les actes malveillants, qu'ils soient motivés par des raisons financières, politiques ou idéologiques, peuvent causer des dommages énormes aux systèmes informatiques et à la société en général. La sophistication et la détermination des cyberattaquants nécessitent des défenses robustes et une vigilance constante. Une meilleure compréhension des diverses formes de cybermenaces et des mesures de protection appropriées peut aider à réduire les risques et à renforcer la résilience des systèmes face à ces dangers.

CHAPITRE 2 : ÉTUDE DE CAS : L'ATTAQUE WANNACRY

Après avoir posé les bases de la menace que représentent les pannes informatiques, nous allons maintenant plonger dans l'un des incidents les plus marquants de ces dernières années : l'attaque WannaCry. Cette étude de cas illustrera concrètement comment une faille de sécurité peut se transformer en une crise mondiale, affectant des infrastructures critiques et perturbant des services essentiels.

2.1 Chronologie et description de l'incident

Le 12 mai 2017, une vague de cyberattaques sans précédent a commencé à se répandre à l'échelle mondiale sous la forme d'un ransomware appelé WannaCry. Cette attaque a été rendue possible grâce à l'exploitation d'une vulnérabilité présente dans les systèmes d'exploitation Microsoft Windows, connue sous le nom d'EternalBlue. Cette vulnérabilité avait été découverte, mais non divulguée, par la National Security Agency (NSA) aux États-Unis, et elle a été rendue publique par un groupe de hackers connu sous le nom de Shadow Brokers en avril 2017.

La première phase de l'attaque s'est déroulée sur une journée. Elle a été caractérisée par une diffusion rapide et généralisée du ransomware, touchant des organisations et des particuliers dans plus de 150 pays en quelques heures. L'attaque commençait généralement par l'infection d'un ordinateur via un téléchargement de logiciel malveillant ou par l'exploitation directe de la vulnérabilité du système.

Une fois qu'un ordinateur était infecté, le logiciel malveillant WannaCry cryptait les fichiers de l'utilisateur, rendant l'ensemble du système inutilisable. Un message apparaissait ensuite à l'écran, exigeant une rançon en bitcoins pour déverrouiller les fichiers. La somme initialement demandée était de 300 dollars en bitcoins, mais elle augmentait si la rançon n'était pas payée dans un délai donné. Le message menaçait également de détruire les fichiers si la demande de rançon n'était pas satisfaite après un certain temps.

L'attaque a ciblé une multitude de secteurs, mais certains des impacts les plus frappants ont été observés dans le domaine de la santé, en particulier au sein du National Health Service (NHS) du Royaume-Uni. Le NHS a subi des perturbations importantes, avec des dizaines d'hôpitaux et de cliniques incapables d'accéder aux dossiers médicaux électroniques et de fournir des soins essentiels. Les services d'ambulance ont été perturbés, les rendez-vous médicaux reportés, et les opérations chirurgicales annulées. Cette paralysie a mis en évidence la dépendance critique des systèmes de santé modernes vis-à-vis de leurs infrastructures informatiques.

La propagation de WannaCry a été facilitée par la capacité du malware à se répliquer lui-même en exploitant la vulnérabilité EternalBlue. Cela a engendré un effet boule de neige, où chaque ordinateur infecté pouvait contaminer d'autres machines au sein du même réseau. Les réseaux d'entreprise et les infrastructures publiques, typiquement interconnectés et souvent mal segmentés, ont permis à WannaCry de se répandre rapidement et efficacement.

La réaction à l'attaque a été rapide, mais elle a mis en lumière des lacunes importantes en matière de cybersécurité. Peu après le début de l'attaque, un chercheur en sécurité britannique connu sous le pseudonyme de MalwareTech a découvert un moyen d'activer accidentellement un "kill switch" qui arrêtait la propagation de WannaCry. Enregistrant un nom de domaine intégré dans le code du malware, MalwareTech a permis de désactiver temporairement la capacité du ransomware à se répliquer. Cette action a empêché des millions d'ordinateurs supplémentaires d'être affectés, bien que cela n'ait pas aidé les systèmes déjà infectés.

En résumé, le 12 mai 2017 restera marqué comme le jour où WannaCry a semé le chaos à travers le monde, profitant d'une faille de sécurité critique pour s'implanter dans des réseaux vulnérables. La vitesse et l'ampleur de sa propagation ont surpris de nombreux experts en sécurité et ont mis en exergue les défis mondiaux liés à la protection des infrastructures critiques contre les cybermenaces.

2.2 Mécanismes de propagation

L'efficacité dévastatrice de WannaCry repose sur plusieurs mécanismes de propagation sophistiqués qui ont permis au ransomware de se diffuser rapidement à travers les systèmes informatiques du monde entier. Comprendre ces mécanismes est essentiel pour saisir l'étendue de l'attaque et les vulnérabilités exploitées par les cybercriminels.

Le point de départ de la propagation de WannaCry a été l'exploitation de la vulnérabilité EternalBlue dans les systèmes d'exploitation Windows. Cette vulnérabilité particulière permettait aux attaquants d'exécuter du code malveillant à distance sur les machines non patchées, c'est-à-dire les ordinateurs qui n'avaient pas installé la mise à jour de sécurité fournie par Microsoft en mars 2017. Malheureusement, un grand nombre de systèmes n'avaient pas appliqué ce correctif, laissant une vaste surface d'attaque accessible aux cybercriminels.

WannaCry se propageait en utilisant une méthode de "worm", ou ver informatique, qui lui permettait de se répliquer sans intervention humaine. Une fois qu'un ordinateur était infecté, le malware scannait automatiquement le réseau local à la recherche d'autres machines vulnérables. Il utilisait ensuite la même vulnérabilité EternalBlue pour s'introduire dans ces nouvelles cibles et poursuivre son expansion. Ce mécanisme de propagation autonome est l'une des raisons pour lesquelles WannaCry a réussi à infecter autant de systèmes en si peu de temps.

En plus de la vulnérabilité EternalBlue, WannaCry incorporait également un composant nommé DoublePulsar, un exploit de porte dérobée également divulgué par le groupe Shadow Brokers. DoublePulsar permettait d'installer des composants malveillants supplémentaires sur les systèmes infectés et d'exercer un contrôle plus fin sur les machines ciblées, rendant l'attaque encore plus difficile à éradiquer.

WannaCry exploitait par ailleurs des partages de fichiers sur réseau en accédant à des ressources partagées non sécurisées. Si un ordinateur sur un réseau possédait des dossiers partagés accessibles sans authentification suffisante, le ransomware pouvait facilement se propager en utilisant ces chemins d'accès. Cette méthode était particulièrement efficace dans les environnements d'entreprise et les infrastructures où les partages de fichiers sont monnaie courante.

La vitesse et l'efficacité de la propagation de WannaCry ont également été renforcées par le manque de segmentation des réseaux dans de nombreuses organisations. La segmentation du réseau consiste à diviser un réseau en sous-réseaux distincts pour limiter la propagation des infections. Dans les environnements où cette pratique n'était pas en place, le ransomware pouvait se déplacer latéralement à travers le réseau beaucoup plus facilement, touchant un plus grand nombre de systèmes en un temps record.

Un autre facteur crucial de propagation a été le social engineering et le spear-phishing, bien que moins central dans le cas de WannaCry comparé à d'autres ransomwares. Les vecteurs initiaux d'infection comprenaient souvent des pièces jointes malveillantes dans des emails de phishing ciblés, qui, lorsqu'elles étaient ouvertes, téléchargeaient et exécutaient le malware sur la machine victime. Bien que WannaCry se soit principalement propagé via EternalBlue, les tactiques de phishing ont également contribué à la prolifération initiale de l'infection.

L'impact massif de WannaCry montre l'importance de maintenir des systèmes à jour avec les derniers correctifs de sécurité. La divulgation publique de l'exploit EternalBlue par les Shadow Brokers a donné un avantage significatif aux cybercriminels, en particulier contre les systèmes non patchés. De nombreuses entreprises et institutions n'avaient pas appliqué les mises à jour nécessaires à temps, permettant au ver de se répandre sans obstacle.

Enfin, l'interrupteur d'arrêt accidentel découvert par MalwareTech, ce "kill switch", a joué un rôle paradoxal. Même si cet interrupteur a finalement aidé à stopper la propagation, avant sa découverte et son activation, WannaCry a infecté de manière incontrôlée des réseaux mondiaux en exploitant ces mécanismes de propagation efficaces et redoutables.

Comprendre ces mécanismes de propagation est essentiel pour formuler des stratégies efficaces de prévention et de réponse aux attaques de type ransomware. La combinaison de vulnérabilités non corrigées, de systèmes non segmentés et de partages de fichiers non sécurisés a rendu WannaCry redoutable et a souligné les failles critiques dans les pratiques de cybersécurité de nombreuses organisations.

2.3 Impact mondial

L'attaque WannaCry a marqué l'histoire en raison de son ampleur et de ses répercussions globales. En l'espace de quelques heures, le ransomware avait infecté des centaines de milliers de systèmes dans plus de 150 pays, mettant en lumière la vulnérabilité des infrastructures informatiques de nombreuses organisations. Les impacts de WannaCry ont été ressentis à plusieurs niveaux, touchant divers secteurs d'activité et perturbant la vie quotidienne de millions de personnes.

Le secteur de la santé a été l'un des plus durement touchés, en particulier au Royaume-Uni, où le National Health Service (NHS) a subi des perturbations significatives. Des dizaines d'hôpitaux et de cliniques ont été forcés de reporter des rendez-vous, d'annuler des opérations et de réorienter les patients vers d'autres établissements en raison de l'incapacité d'accéder aux dossiers médicaux électroniques. Le ransomware a paralysé les systèmes administratifs et médicaux, posant des risques considérables pour les patients nécessitant des soins urgents. Cette interruption a mis en exergue la dépendance critique des institutions de santé aux technologies informatiques et la nécessité d'une résilience accrue face aux cyberattaques.

Le secteur des télécommunications a également été frappé de plein fouet. Telefónica, une des plus grandes entreprises de télécommunications d'Espagne, a vu une partie de ses systèmes affectée par le ransomware, obligeant les employés à éteindre leurs ordinateurs pour limiter la propagation du malware. Cette mesure a entraîné des perturbations temporaires des services pour les clients et montré à quel point un incident de ce type peut paralyser même les grandes entreprises technologiques.

Les entreprises manufacturières et les infrastructures industrielles ont également ressenti les effets dévastateurs de WannaCry. Le constructeur automobile français Renault a dû arrêter la production dans plusieurs de ses usines pour contenir l'infection, conduisant à des pertes financières significatives et des retards dans la chaîne d'approvisionnement. Des entreprises de divers secteurs, allant de la logistique à l'aviation, ont rapporté des interruptions similaires, illustrant la portée tentaculaire du ransomware.

Les administrations publiques n'ont pas été épargnées. Plusieurs ministères et organisations gouvernementales à travers le monde ont vu leurs opérations perturbées, ce qui a affecté les services aux citoyens. Par exemple, la police nationale d'Indonésie et des agences gouvernementales en Russie faisaient partie des victimes, ce qui a entravé leur capacité à fournir des services essentiels.

La portée géographique de l'attaque WannaCry a également souligné les disparités en matière de sécurité informatique entre les différentes régions du globe. Les économies émergentes, souvent moins bien équipées pour faire face à de telles menaces en raison d'un manque de ressources et d'infrastructures obsolètes, ont été particulièrement vulnérables. Des entreprises et institutions en Chine, en Inde et en Amérique du Sud ont rapporté des perturbations importantes, révélant des lacunes criantes dans la préparation et la résilience cybernétique à l'échelle mondiale.

Sur le plan financier, les coûts engendrés par WannaCry ont été énormes. Bien que l'estimation des rançons payées varie, avec certaines analyses suggérant que les attaquants ont récolté plusieurs centaines de milliers de dollars en bitcoins, les pertes économiques globales liées à l'interruption des activités, aux réparations des systèmes et aux mesures de renforcement de la sécurité se comptent en milliards de dollars. Les entreprises ont dû investir massivement dans des audits de sécurité, des mises à jour de logiciels et des formations pour leurs employés afin de prévenir de futures attaques similaires.

L'impact psychologique sur le grand public et les entreprises n'a pas été négligeable. WannaCry a semé la peur et l'incertitude, mettant en évidence la menace omniprésente des cyberattaques et le potentiel destructeur des ransomwares. Les entreprises de cybersécurité ont vu une augmentation des demandes de services, reflétant une prise de conscience accrue sur l'importance de la sécurité informatique. Les gouvernements ont également réagi en renforçant leurs politiques de cybersécurité et en promouvant des initiatives de coopération internationale pour lutter contre la cybercriminalité.

En conclusion, l'impact mondial de l'attaque WannaCry a été vaste et profond, touchant diverses industries, administrations publiques et utilisateurs individuels à travers le globe. Les répercussions de l'attaque ont révélé les vulnérabilités structurelles des systèmes informatiques et ont souligné la nécessité d'une résilience accrue face à cette forme moderne de menace. L'ampleur des perturbations provoquées par WannaCry a marqué un tournant dans la prise de conscience des risques cybernétiques et dans l'approche de la cybersécurité au niveau mondial.

2.4 Réponse et résolution

La réponse à l'attaque WannaCry, bien que rapide, a souligné les défis complexes que posent les cyberattaques à grande échelle. Dès que l'ampleur de l'incident est devenue apparente, une coordination mondiale a été entreprise pour contenir et résoudre la crise. Les agences gouvernementales, les entreprises privées de cybersécurité et les chercheurs individuels ont collaboré pour atténuer les effets du ransomware et empêcher sa propagation ultérieure.

L'intervention clé s'est produite presque par accident, lorsque le jeune chercheur en cybersécurité britannique connu sous le pseudonyme de MalwareTech a découvert un "kill switch" intégré dans le code malveillant de WannaCry. Ce point de terminaison spécifique, lorsqu'il était enregistré, empêchait WannaCry de continuer à se répliquer. MalwareTech a réussi à enregistrer le domaine, bloquant ainsi la propagation du ransomware sur un grand nombre de réseaux et freinant sa vitesse de contamination. Cette découverte fortuite a été un moment crucial dans la réponse initiale à l'attaque, évitant des millions d'infections supplémentaires.

Pendant ce temps, les équipes IT des entreprises et des institutions affectées se sont lancées dans des efforts frénétiques pour isoler les ordinateurs infectés, appliquer les patches de sécurité nécessaires et restaurer les systèmes à partir de sauvegardes. Microsoft a publié des mises à jour de sécurité d'urgence, même pour les systèmes d'exploitation non pris en charge comme Windows XP, pour aider à colmater la vulnérabilité exploitée par WannaCry. Ces actions illustraient l'urgence de la situation et l'engagement des grandes entreprises technologiques à protéger leurs utilisateurs.

Les mesures de confinement ont également impliqué la désactivation des ordinateurs connectés aux réseaux infectés, la mise en quarantaine des systèmes compromis et la diffusion de directives de sécurité aux utilisateurs. Les organisations ont conseillé à leurs employés de ne pas ouvrir des emails ou des pièces jointes suspects, dans le but de prévenir les infections supplémentaires via des vecteurs de phishing.

Parallèlement, les gouvernements à travers le monde ont intensifié leurs efforts pour coordonner la réponse à l'attaque. Le National Health Service (NHS) du Royaume-Uni a travaillé en étroite collaboration avec le Centre National de Cybersécurité (NCSC) pour restaurer les services de santé et assurer la continuité des soins. Les agences de cybersécurité, comme le Department of Homeland Security (DHS) aux États-Unis et l'Agence de cybersécurité et de sécurité des infrastructures (CISA), ont fourni des ressources et des orientations aux entreprises et aux infrastructures critiques pour renforcer leur résilience contre le ransomware.

L'un des principaux défis de la résolution de l'attaque WannaCry a été le décryptage des données compromises. Le malware utilisait un cryptage robuste, et les assurances quant à la récupération des fichiers après le paiement de la rançon étaient minces. De nombreuses entreprises et utilisateurs ont refusé de céder aux exigences des cybercriminels, préférant reconstruire leurs systèmes à partir de sauvegardes sécurisées. Dans certains cas, des outils de décryptage ont été développés par des chercheurs en cybersécurité, bien que leur efficacité ait été limitée et souvent spécifique à certaines variantes du malware.

Les leçons tirées de la réponse à WannaCry ont également conduit à des améliorations systématiques dans la gestion des cyberincidents. Les organisations ont été incitées à revoir et renforcer leurs politiques de sauvegarde, à adopter des stratégies de sécurité multicouches et à promouvoir une culture de la cybersécurité en formant leurs employés à identifier et éviter les menaces potentielles.

En réponse à WannaCry, des efforts ont été entrepris pour améliorer la collaboration internationale en matière de cybersécurité. Des conférences et des réunions entre experts de divers pays ont été organisées pour partager des informations sur les menaces émergentes et les meilleures pratiques en matière de protection. Les gouvernements ont commencé à travailler plus étroitement avec le secteur privé pour renforcer les capacités de défense et développer des infrastructures plus résilientes.

Enfin, les régulateurs et les instances législatives ont pris conscience de l'importance cruciale de la sécurité informatique. Des initiatives législatives ont vu le jour pour imposer des normes de cybersécurité plus strictes et accroître la responsabilité des entreprises dans la protection des données et des systèmes sensibles. La confiance du public et la stabilité économique dépendaient de la capacité des gouvernements et des entreprises à prévenir et à répondre efficacement aux futures cybermenaces.

En résumé, la réponse et la résolution de l'attaque WannaCry ont été marquées par une combinaison d'actions fortuites, de mesures de confinement rapides et de collaborations internationales. La crise a mis en lumière les nombreuses vulnérabilités persistantes dans les systèmes informatiques mondiaux et a servi de catalyseur pour des réformes et des renforcements en matière de cybersécurité.

2.5 Leçons apprises

L'attaque WannaCry a laissé derrière elle un sillage de destruction, mais elle a également agi comme un puissant catalyseur pour la réforme et l'amélioration des pratiques de cybersécurité. Les leçons apprises de cet événement sont nombreuses et traversent divers aspects de la gestion des systèmes informatiques, des pratiques de sécurité, et de la collaboration internationale.

L'une des leçons les plus évidentes est l'importance cruciale des mises à jour régulières et des correctifs de sécurité. WannaCry a exploité une vulnérabilité pour laquelle un patch avait déjà été publié par Microsoft plusieurs mois avant l'attaque. Cependant, de nombreuses organisations n'avaient pas appliqué cette mise à jour, illustrant un des principaux points faibles des infrastructures de sécurité : la procrastination ou la négligence dans l'application des correctifs. Cet incident a incité de nombreuses entreprises à revoir et renforcer leurs procédures de gestion des correctifs, pour s'assurer que les mises à jour de sécurité critiques soient appliquées sans délai.

L'attaque a également mis en lumière la nécessité de sauvegardes régulières et fiables. Les organisations qui disposaient de sauvegardes robustes et récentes de leurs données ont pu récupérer plus rapidement et avec moins de perte que celles qui ne l'ont pas fait. La pratique de maintenir des copies de sauvegarde hors ligne et non accessibles depuis les mêmes réseaux que les systèmes en production est devenue une priorité. Cela garantit que, même en cas de compromission, les données essentielles peuvent être restaurées sans avoir à payer de rançon.

Les stratégies de segmentation des réseaux ont été renforcées à la suite de WannaCry. L'attaque a montré à quel point les réseaux non segmentés permettent une propagation rapide des malwares. En segmentant les réseaux, les organisations peuvent contenir les infections et limiter les dommages à des sous-réseaux spécifiques plutôt que de risquer une propagation à l'ensemble de l'infrastructure.

Une autre leçon capitale a été l'importance de l'intervention rapide et coordonnée en cas d'incident. La découverte et l'activation du "kill switch" par MalwareTech ont été cruciales pour limiter la propagation de l'infection. Cela a souligné l'importance des travaux de recherche en cybersécurité et de la collaboration entre les chercheurs, les entreprises et les autorités gouvernementales. Des organisations comme le Centre National de Cybersécurité (NCSC) au Royaume-Uni et l'Agence européenne chargée de la sécurité des réseaux et de l'information (ENISA) ont intensifié leurs efforts pour faciliter cette coopération et coordonner les réponses aux cyberincidents.

Sur le plan international, WannaCry a illustré la nécessité d'une coopération et d'un partage d'information améliorés. Les cybermenaces ne respectent pas les frontières nationales, et une réponse efficace nécessite une collaboration mondiale. À ce titre, des accords et des cadres de collaboration entre pays ont été mis en place ou renforcés pour partager plus rapidement les informations sur les menaces, les méthodes de réponse et les solutions techniques.

L'éducation et la formation en cybersécurité ont pris une importance accrue. Les incidents tels que WannaCry ont poussé les entreprises à investir davantage dans la formation de leurs employés pour reconnaître et réagir aux menaces potentielles. Des programmes de sensibilisation et de formation réguliers sont devenus essentiels pour renforcer la première ligne de défense contre les cyberattaques.

Enfin, WannaCry a poussé à une réflexion plus profonde sur les politiques de divulgation de vulnérabilités. La vulnérabilité exploitée par WannaCry avait été découverte par la NSA et était restée secrète jusqu'à ce qu'elle soit divulguée par le groupe de hackers Shadow Brokers. Cela a soulevé des questions éthiques et pratiques sur les vulnérabilités connues par les agences de renseignement et leur divulgation responsable aux constructeurs pour corriger ces failles avant qu'elles ne soient utilisées de manière malveillante.

En conclusion, l'attaque WannaCry a offert de nombreuses leçons sur la nécessité de promptes mises à jour de sécurité, des pratiques de sauvegarde rigoureuses, la segmentation des réseaux, des réponses coordonnées à l'échelle globale et l'importance de l'éducation en cybersécurité. En tirant ces leçons, les organisations et les gouvernements peuvent mieux se préparer à prévenir et répondre aux futures cybermenaces, assurant ainsi une plus grande résilience face à des incidents de cette nature.

CHAPITRE 3 : ÉTUDE DE CAS : LA PANNE AWS DE 2017

L'attaque WannaCry nous a montré les conséquences d'une cyberattaque, mais les pannes peuvent aussi provenir d'erreurs humaines. Le chapitre suivant se concentre sur la panne AWS de 2017, un incident qui démontre comment une simple erreur de manipulation peut entraîner des perturbations à grande échelle dans le monde des services cloud.

3.1 Origine et déclenchement de la panne

Le 28 février 2017, Amazon Web Services (AWS), l'un des plus grands fournisseurs de services cloud au monde, a subi une panne majeure qui a affecté de nombreux sites web et services en ligne. La panne a été déclenchée par une simple erreur humaine lors d'une activité de maintenance régulière dans le service de stockage de données S3 (Simple Storage Service) dans la région US-East-1, qui est l'un des centres de données les plus importants et les plus utilisés par AWS.

L'incident a commencé lorsqu'une équipe d'ingénieurs de maintenance d'AWS a entrepris une opération de débogage visant à résoudre un problème de performance dans le sous-système de facturation. Afin d'exécuter cette tâche, les ingénieurs ont utilisé une commande pour retirer un petit nombre de serveurs du système S3. Malheureusement, en raison d'une faute de frappe, la commande exécutée était incorrecte et a accidentellement retiré un nombre beaucoup plus important de serveurs que prévu. Cette erreur de manipulation a conduit à l'arrêt soudain de deux sous-systèmes critiques.

Le premier sous-système affecté était le service de la capacité de gestion des index, qui est responsable de la gestion des informations de localisation des objets S3. Le deuxième sous-système touché concernait les serveurs de positionnement du placement de stockage, qui supervisent le rééquilibrage et l'assignation des capacités de stockage. Ces sous-systèmes sont essentiels au fonctionnement du service S3, et leur inaccessibilité a provoqué une perturbation majeure des opérations.

En raison de la dépendance étroite entre ces sous-systèmes, leur arrêt simultané a provoqué un effet domino. Les autres composants du système ont commencé à ralentir et à échouer, car ils ne pouvaient plus accéder aux informations de localisation essentielles pour stocker et récupérer les données. Le service S3 étant un pilier fondamental pour de nombreux autres services AWS, les effets de cette panne se sont rapidement propagés à travers l'infrastructure, touchant des services tels que EC2 (Elastic Compute Cloud), RDS (Relational Database Service) et Lambda.

L'interruption a eu des conséquences considérables sur un large éventail de sites web et d'applications dépendant d'AWS. Des services populaires comme Trello, Quora, Slack, Business Insider et de nombreux autres sites importants ont été touchés. Les utilisateurs ont rencontré des erreurs de chargement de pages, des temps d'attente prolongés et, dans certains cas, des interruptions complètes de service.

Quelques minutes après le déclenchement de la panne, il est devenu évident que l'impact était plus grave et plus étendu que ce que l'équipe d'ingénieurs avait anticipé. Les équipes de support et d'ingénierie d'AWS ont été immédiatement mobilisées pour diagnostiquer le problème et entamer les procédures de reprise. Cependant, la complexité des systèmes et l'ampleur des pannes interdépendantes ont rendu la remise en état beaucoup plus difficile que prévu.

Le processus de récupération a consisté à redémarrer progressivement les sous-systèmes affectés et à réintroduire les serveurs déconnectés dans l'infrastructure globale. Au fur et à mesure que les sous-systèmes de gestion des index et de positionnement de stockage revenaient en ligne, les autres services AWS ont commencé à se stabiliser. La restauration complète des opérations a nécessité plusieurs heures, durant lesquelles les équipes d'ingénieurs ont travaillé sans relâche pour garantir un retour à la normale tout en évitant des interruptions supplémentaires.

La panne de février 2017 d'AWS a été un rappel brutal des vulnérabilités potentielles même dans les infrastructures de cloud les plus avancées et les plus largement utilisées. Elle a mis en lumière l'importance cruciale d'une gestion minutieuse et précise des opérations de maintenance et a souligné la nécessité de robustes systèmes de vérification et d'équilibrage pour prévenir de telles erreurs humaines.

3.2 Conséquences immédiates pour les services

La panne d'Amazon Web Services (AWS) le 28 février 2017 a eu des conséquences immédiates et étendues pour une large gamme de services dépendant de l'infrastructure S3 dans la région US-East-1. En raison de la position dominante de S3 en tant que service de stockage de données, de nombreux autres services AWS et par extension les applications et sites web qui reposent sur eux ont été gravement affectés.

Parmi les services AWS les plus touchés figuraient le Elastic Compute Cloud (EC2), le Relational Database Service (RDS), le Lambda et le Simple Queue Service (SQS). La dépendance de ces services aux fonctionnalités de stockage du réseau S3 signifiait que leur performance et leur disponibilité étaient directement compromises. Les instances EC2, qui constituent les « muscles » de nombreuses applications commerciales, ont connu d'importantes interruptions de fonctionnalités, provoquant la défaillance de nombreuses applications hébergées. RDS, utilisé pour gérer des bases de données cruciales, a également fait l'objet d'importants ralentissements et indisponibilités, perturbant sévèrement les opérations de bases de données critiques pour les entreprises.

Les applications web utilisant des services de stockage d'images, de vidéos et d'autres contenus statiques via S3 ont subi des interruptions immédiates. Des sites comme Trello, une plateforme de gestion de projet utilisée à l'échelle mondiale, ont rapporté des pannes généralisées, rendant leurs services inaccessibles aux utilisateurs. Quora, une plateforme populaire de questions-réponses, a également été incapable de charger des pages, ce qui a généré une frustration considérable parmi ses utilisateurs.

Un des aspects les plus visibles de la panne résidait dans l'interruption des services de communication. Slack, l'outil de messagerie professionnelle largement utilisé, a rapporté des problèmes de chargement des fichiers et des images, affectant ainsi la communication et la collaboration entre les équipes. De même, les journaux en ligne comme Business Insider et The Verge ont connu des interruptions, car ils ne pouvaient pas charger des ressources critiques stockées sur S3, entravant leur capacité à fournir des nouvelles en temps réel à leurs lecteurs.

Les startups et les petites entreprises utilisant AWS pour héberger leurs services ont ressenti tout particulièrement la pression de cette panne. De nombreuses startups dépendent fortement d'AWS pour leurs infrastructures à faible coût et à haute disponibilité. La panne de S3 a révélé que même les services payants de sauvegarde et de récupération peuvent être insuffisants si une région entière subit une panne grave. Ces interruptions ont provoqué une perte de confiance temporaire chez certains utilisateurs d'AWS quant à la fiabilité et la robustesse de leurs services.

Les entreprises de grande envergure qui s'appuient sur les services automatisés et les infrastructures pilotées par code ont été particulièrement vulnérables. Par exemple, la panne de S3 a compromis les pipelines de déploiement continu pour de nombreuses équipes DevOps, ralentissant les cycles de développement et de mise en production. Des entreprises de commerce électronique ont signalé des interruptions dans leurs systèmes de paiement et de gestion des commandes, affectant directement leurs revenus pendant la durée de la panne.

En synthèse, la panne d'AWS a eu des conséquences immédiates sur une vaste gamme de services allant des applications de gestion de projets et de communication aux plateformes médias et aux services de commerce électronique. Cette interruption majeure a souligné à quel point une défaillance dans un segment critique de l'infrastructure de cloud computing pouvait avoir des répercussions en cascade sur l'écosystème numérique mondial. Les entreprises utilisant ces services ont été confrontées à l'importance cruciale de la résilience et de la redondance dans la conception de leurs architectures informatiques.

3.3 Répercussions économiques et commerciales

La panne d'Amazon Web Services (AWS) en février 2017 a eu des répercussions économiques et commerciales considérables qui se sont fait sentir à travers une multitude d'industries et de secteurs. En raison de la dépendance croissante des entreprises aux services cloud pour leurs opérations quotidiennes, l'interruption du service de stockage S3 a entraîné des pertes financières importantes et perturbé les activités commerciales de nombreuses organisations.

Sur le plan économique, les interruptions causées par la panne de S3 ont provoqué une perte de productivité dans de nombreuses entreprises. Les plateformes de gestion de projets comme Trello étaient inutilisables, empêchant des milliers d'équipes de progresser dans leurs tâches quotidiennes. Les entreprises de commerce électronique ont été particulièrement touchées, car les systèmes de traitement des commandes et les services de paiement en ligne reposant sur AWS ont été interrompus. Les pertes de vente pendant les heures de pointe de la panne ont été substantielles, représentant un manque à gagner significatif pour les détaillants.

Les industries dépendantes de l'analyse de données et du traitement de l'information ont également ressenti une pression considérable. Les services de bases de données comme RDS étant indisponibles, les entreprises n'ont pas pu accéder à des informations critiques nécessaires pour prendre des décisions en temps réel. Cette perte d'accès a retardé les processus de prise de décision, entraînant des perturbations dans les chaînes d'approvisionnement et des pertes opérationnelles.

Les pertes financières directes ont été amplifiées par les coûts associés à la gestion de la crise. Les entreprises ont dû mobiliser des ressources supplémentaires pour résoudre les problèmes techniques, rétablir les services et minimiser les impacts négatifs sur les clients. Les équipes informatiques internes et les prestataires de services de cybersécurité ont été mis à contribution pour stabiliser les systèmes et garantir un retour à la normale le plus rapidement possible. Ces initiatives d'urgence ont entraîné des coûts imprévus qui ont pesé sur les budgets opérationnels des entreprises.

La réputation et la confiance des clients ont été affectées, en particulier pour les entreprises qui offrent des services critiques basés sur AWS. Les clients finaux mécontents de l'interruption des services ont exprimé leur frustration sur les réseaux sociaux et autres plateformes publiques, ce qui a pu ternir l'image de marque de ces entreprises. La fidélité des clients étant souvent directement liée à la fiabilité des services, certaines entreprises ont dû investir davantage dans des stratégies de rétention et de communication transparente pour restaurer la confiance.

Pour Amazon Web Services lui-même, la panne a mis en avant des vulnérabilités dans son infrastructure et ses processus de gestion. Bien que AWS ait rapidement publié des excuses publiques et offert des explications détaillées sur l'incident, la panne a eu un impact sur la perception de la fiabilité de ses services. Les actions d'Amazon ont subi de légères fluctuations dans les jours suivant l'incident, reflétant l'inquiétude des investisseurs quant à la résilience de ses infrastructures cloud.

Des entreprises concurrentes à AWS, telles que Microsoft Azure et Google Cloud Platform, ont tenté de tirer parti de la situation en mettant en avant la fiabilité et la robustesse de leurs propres services. Certaines entreprises clientes d'AWS ont exploré des stratégies multi-cloud pour atténuer les risques futurs, diversifiant ainsi leurs fournisseurs de services cloud pour éviter une dépendance excessive à un seul fournisseur.

En fin de compte, la panne de 2017 a servi de rappel brutal des risques économiques et commerciaux inhérents à une dépendance aux services cloud. Les entreprises ont été incitées à revoir et à renforcer leur stratégie de continuité des activités, à investir dans des technologies de prévention des pannes et à établir des plans de reprise après sinistre plus robustes.

En conclusion, les répercussions économiques et commerciales de la panne d'AWS ont été vastes et variées, touchant des secteurs allant du commerce électronique à l'analyse de données en passant par la gestion de projets et les services financiers. Cet incident a mis en lumière l'importance cruciale de la résilience et de la redondance dans les architectures cloud et a poussé les entreprises à repenser leurs stratégies pour mitiger les risques associés à l'interruption des services technologiques essentiels.

3.4 Stratégies de récupération et rétablissement

Les stratégies de récupération et rétablissement mises en œuvre par Amazon Web Services (AWS) et ses clients lors de la panne de S3 en février 2017 ont été cruciales pour minimiser les interruptions prolongées et rétablir les services. Le processus de retour à la normale a impliqué une série d'actions techniques et de coordination logistique, visant à résoudre les problèmes rapidement et efficacement.

Dès le déclenchement de la panne, les équipes d'ingénierie d'AWS ont été mobilisées pour diagnostiquer la source de l'incident. L'identification rapide de la commande incorrecte comme cause principale a permis de cibler précisément les sous-systèmes affectés. La première étape de la récupération a consisté à redémarrer progressivement les serveurs critiques qui avaient été accidentellement retirés, en veillant à ne pas causer de dommages supplémentaires ou de perturbations additionnelles.

La remise en ligne des systèmes de gestion des index et de placement de stockage a été une priorité essentielle. Les ingénieurs ont travaillé à restaurer la capacité des serveurs à gérer correctement les requêtes de stockage et de récupération de données. Ce processus a impliqué des vérifications minutieuses et des ajustements pour s'assurer que les fichiers étaient réindexés et accessibles sans altération. La coordination étroite entre les différentes équipes d'ingénierie a été vitale pour synchroniser ces efforts et éviter des conflits ou des erreurs supplémentaires.

Pour les clients d'AWS, la stratégie de récupération a varié en fonction de la nature de leurs services et de leur infrastructure. Les entreprises qui avaient préalablement adopté des pratiques de sauvegarde et de redondance solides ont pu restaurer plus rapidement leurs opérations. Les systèmes de sauvegarde réguliers, combinés à des environnements de test et de mise en stage, ont permis à certaines organisations de récupérer sans perte significative de données. Les entreprises utilisant des structures d'hébergement multi-régions ont pu rediriger leur trafic vers des régions AWS non affectées, minimisant ainsi l'impact sur leurs utilisateurs finaux.

AWS a également fourni une communication transparente et continue pendant la période de récupération. Des mises à jour régulières ont été publiées sur les tableaux de bord de statut et via les canaux de support client pour tenir les clients informés de l'avancement des réparations. Cette transparence a aidé à atténuer l'anxiété des clients et à leur fournir les informations nécessaires pour planifier leurs propres actions de récupération.

La mise en place de stratégies de communication interne a été un autre aspect essentiel de la récupération. Les entreprises ont dû informer leurs employés des progrès réalisés et leur fournir des directives sur la manière de poursuivre le travail malgré les interruptions. La communication claire et rapide a permis une meilleure coordination des efforts de résolution et a contribué à maintenir l'engagement des équipes.

Une fois que les systèmes critiques ont commencé à se stabiliser, les entreprises ont entrepris des audits de leurs procédures internes pour identifier les points de défaillance et améliorer la résilience future. Cela impliquait des revues post-mortem pour analyser ce qui avait fonctionné et ce qui devait être amélioré. Les leçons tirées de ces analyses ont été documentées et intégrées dans les plans de récupération après sinistre et de continuité des activités.

Par exemple, plusieurs entreprises ont renforcé leurs pratiques de sauvegarde en implémentant des solutions de sauvegarde hors site et des systèmes de copie mirroir instantanée. D'autres ont investi dans des architectures de microservices qui offrent une meilleure isolation des composants, réduisant ainsi l'impact potentiel des pannes futures. La redondance réseau et l'utilisation de multiples fournisseurs de cloud ont également été des stratégies adoptées pour diversifier les risques.

Enfin, AWS lui-même a pris des mesures pour éviter la

répétition d'un tel incident à l'avenir. L'entreprise a amélioré ses procédures de commande en introduisant des vérifications de sécurité supplémentaires pour éviter l'exécution accidentelle de commandes critiques. Des systèmes d'alerte avancés et des scripts de validation ont été intégrés pour détecter et prévenir les erreurs humaines similaires. La mise à jour des processus de formation et des protocoles de réponse aux incidents a également été entreprise pour mieux préparer les équipes d'ingénieurs à gérer des situations d'urgence.

En résumé, les stratégies de récupération et de rétablissement à la suite de la panne d'AWS se sont appuyées sur une combinaison de techniques de restauration progressive, de communication efficace et de renforcement des pratiques de résilience. Ces actions ont permis non seulement de rétablir les services dans les plus brefs délais mais aussi de tirer des enseignements précieux pour se prémunir contre les pannes futures, renforçant ainsi la robustesse des infrastructures informatiques et des services cloud.

3.5 Leçons tirées de l'incident

L'incident de la panne AWS de 2017 a fourni de nombreuses leçons essentielles pour les entreprises, les fournisseurs de services cloud et les professionnels de la cybersécurité. Ces leçons ont touché des aspects allant de la gestion des opérations de maintenance à la conception d'architectures résilientes et à la préparation aux crises.

L'une des principales leçons tirées de cet incident est l'importance cruciale de la précision et de la rigueur dans les opérations de maintenance. La panne a été déclenchée par une simple erreur humaine lors d'une mise à jour de routine, soulignant ainsi la nécessité de vérifier et de tester minutieusement les commandes et les scripts avant leur exécution. Amazon Web Services a introduit des garde-fous supplémentaires pour prévenir de telles erreurs à l'avenir, montrant l'importance d'intégrer des couches de validation et de sécurité dans les processus opérationnels.

Un autre point clé est la nécessité de redondance et de résilience dans la conception des infrastructures. La panne de S3 a mis en lumière la vulnérabilité des systèmes concentrés dans une seule région ou dépendant d'un seul fournisseur. Les entreprises ont appris à diversifier leurs risques en adoptant des stratégies multi-cloud et en répartissant leurs charges de travail à travers plusieurs régions géographiques. Cette diversification permet de réduire l'impact des pannes régionales et de garantir une continuité de service plus robuste.

De plus, l'incident a souligné l'importance des sauvegardes régulières et sécurisées. Les entreprises qui disposaient de sauvegardes fiables ont pu récupérer plus rapidement et minimiser les pertes de données. Ce scénario a rappelé aux organisations l'importance d'automatiser les processus de sauvegarde et de vérifier régulièrement l'intégrité et l'accessibilité de ces sauvegardes. La pratique de maintenir des copies de sauvegarde hors ligne est devenue une priorité pour améliorer la résilience contre les futures interruptions.

La communication transparente et proactive durant une crise a été une autre leçon majeure. AWS a fourni des mises à jour régulières et détaillées sur la situation de la panne, ce qui a aidé à atténuer l'inquiétude et à informer les clients de l'avancement des réparations. Les entreprises ont reconnu la valeur de la communication interne et externe durant une crise, en informant rapidement leurs employés, clients et partenaires des actions en cours et des délais prévus pour le rétablissement des services.

La planification et les exercices de simulation de crise ont également émergé comme des pratiques essentielles. Les organisations ont réalisé l'importance de préparer des plans de continuité des activités et de récupération après sinistre bien définis, et de tester ces plans régulièrement pour garantir leur efficacité. Les simulations de panne, les tests de basculement et les exercices de réponse aux incidents permettent de déceler les failles et d'améliorer la coordination et la réactivité des équipes en situation réelle.

La formation continue des équipes techniques a été identifiée comme un élément crucial pour renforcer la résilience des opérations. L'incident a mis en évidence le besoin de former régulièrement les ingénieurs et les administrateurs systèmes aux meilleures pratiques de gestion des infrastructures cloud, aux procédures de sécurité et aux mesures de prévention des erreurs. Les entreprises ont investi dans des programmes de développement professionnel pour assurer que leurs équipes restent à jour avec les dernières technologies et pratiques de sécurité.

Enfin, la nécessité d'une collaboration accrue entre les parties prenantes a été amplifiée par cet incident. Les entreprises ont vu l'importance de travailler en étroite collaboration avec leurs fournisseurs de services cloud, les experts en cybersécurité et les instances réglementaires pour mieux comprendre les risques et développer des solutions communes. Le partage d'information, les partenariats stratégiques et les forums de discussion entre les acteurs de l'industrie ont été renforcés pour promouvoir une approche collective à la résilience informatique.

En conclusion, la panne AWS de 2017 a été un événement marquant qui a mis en évidence les vulnérabilités des systèmes cloud modernes mais a aussi offert un trésor de leçons précieuses. En améliorant la rigueur opérationnelle, en diversifiant les risques, en renforçant les sauvegardes, en perfectionnant la communication de crise, en planifiant et en testant les réponses aux incidents, en formant continuellement le personnel et en favorisant la collaboration, les organisations peuvent bâtir des infrastructures plus résilientes et mieux préparées à affronter les futures perturbations.

CHAPITRE 4 : AUTRES INCIDENTS NOTABLES

A lors que nous avons exploré des incidents spécifiques en détail, il est crucial de reconnaître que les pannes informatiques ne sont pas des événements isolés. Ce chapitre présente d'autres incidents notables, offrant une vue d'ensemble des divers types de pannes qui ont affecté des services critiques, et soulignant la nécessité d'une vigilance constante dans le maintien de la résilience des systèmes.

4.1 Pannes de Google Cloud

Google Cloud, l'un des principaux fournisseurs de services cloud au monde, n'a pas été exempt de pannes, malgré les investissements massifs dans la fiabilité et la résilience de ses infrastructures. L'une des pannes les plus significatives qui a marqué l'histoire récente de Google Cloud a eu lieu le 2 juin 2019, impactant un grand nombre de services et d'utilisateurs à travers plusieurs régions. Cette panne a mis en lumière des vulnérabilités spécifiques et a fourni des enseignements importants pour l'avenir de la gestion des services cloud.

Le 2 juin 2019, une panne majeure a frappé les services cloud de Google, entraînant des interruptions pour des plateformes largement utilisées comme YouTube, Gmail, Google Drive, et Google Cloud Platform (GCP) lui-même. À l'origine de l'incident se trouvait un problème de configuration du réseau qui a affecté les ressources du routeur. La panne a débuté lorsque les ingénieurs de Google ont entrepris une modification planifiée de la configuration du réseau, une opération courante dans la gestion des infrastructures informatiques. Cependant, une erreur dans le déploiement de la configuration a provoqué une saturation imprévue des liens réseau de la région US-East1, l'une des zones de disponibilité de Google Cloud les plus utilisées.

Cette saturation a entraîné des retards considérables dans le trafic réseau, compliquant l'accès aux services pour les utilisateurs finaux. Les systèmes automatisés de gestion du réseau, qui sont censés maximiser la disponibilité en équilibrant dynamiquement le trafic, n'ont pas pu répondre efficacement à cette surcharge soudaine. En conséquence, les utilisateurs à travers de multiples régions ont commencé à expérimenter des temps de chargement longs, des erreurs de connexion, et des interruptions totales de service.

L'impact de la panne a été massif et immédiat. YouTube, l'une des plus grandes plateformes de partage de vidéos au monde, est devenue inaccessible pour des millions d'utilisateurs, perturbant non seulement les consommateurs de contenu, mais aussi les créateurs de contenu qui dépendent de la plateforme pour leur gagne-pain. Gmail, utilisé par des milliards de personnes pour des communications personnelles et professionnelles, a rencontré des retards et des erreurs dans l'envoi et la réception des courriels, affectant la productivité et les opérations commerciales.

Les entreprises utilisant Google Cloud Platform pour héberger leurs applications et services ont également été durement touchées. Des startups et des grandes entreprises ont signalé des pannes de leurs sites web, des interruptions de leurs applications, et des perturbations dans leurs opérations en temps réel. Les systèmes de commerce électronique, les services financiers, et les applications mobiles ont tous subi des ralentissements et des défaillances, entraînant des pertes de revenus et la frustration des clients.

La réponse de Google Cloud à cette panne a été rapide. Les ingénieurs ont travaillé sans relâche pour comprendre l'étendue du problème et mettre en œuvre des solutions pour rétablir le fonctionnement normal des services. L'une des premières étapes a été de corriger la configuration du réseau défectueuse qui a entraîné la saturation des liens. Les équipes techniques ont également déplacé dynamiquement le trafic vers des liens moins congestionnés, permettant une reprise progressive des services affectés.

Pendant toute la durée de la panne, Google a maintenu une communication transparente avec ses utilisateurs, fournissant des mises à jour régulières sur le statut et les efforts de récupération via ses canaux de communication. Cette transparence a aidé à atténuer une partie de la frustration des utilisateurs et à maintenir la confiance dans la capacité de Google à gérer les incidents.

Suite à la panne, Google Cloud a mis en œuvre plusieurs améliorations pour éviter de futurs incidents similaires. L'entreprise a renforcé ses procédures de test et de validation des configurations de réseau, augmenté la surveillance automatisée pour détecter plus rapidement les anomalies, et amélioré les mécanismes de répartition dynamique du trafic. Google a également intensifié ses formations pour les ingénieurs et les responsables réseau afin de minimiser les erreurs humaines.

L'incident de juin 2019 a mis en lumière des vulnérabilités spécifiques dans la gestion du réseau et l'importance critique de la redondance et de la résilience dans les infrastructures cloud. Bien que Google Cloud soit reconnu pour son innovation et sa fiabilité globale, cette panne a servi de rappel que même les géants technologiques ne sont pas à l'abri des erreurs et des défaillances. En tirant parti de ces leçons, Google a pu renforcer ses systèmes et mieux préparer ses services à répondre aux défis futurs.

4.2 Panne de Facebook en 2021

Le 4 octobre 2021, Facebook, ainsi que ses applications affiliées Instagram et WhatsApp, ont subi une panne majeure qui a duré près de six heures, marquant l'une des interruptions de services les plus significatives de l'histoire récente des réseaux sociaux. Cette panne a eu des conséquences mondiales, perturbant les communications personnelles et professionnelles, et mettant en lumière les défis et les vulnérabilités des infrastructures technologiques complexes.

La cause de cette panne a été attribuée à un changement de configuration sur les routeurs dorsaux qui coordonnent le trafic réseau entre les centres de données de Facebook dans le monde entier. Cette modification a interrompu les connexions entre les centres de données, entraînant une cascade d'effets qui ont rendu les cinq principaux services de Facebook inaccessibles à des milliards d'utilisateurs. En termes techniques, la panne a été provoquée par une mise à jour routière mal configurée qui a coupé toutes les connexions aux serveurs DNS (Domain Name System) de Facebook, rendant impossible la résolution des adresses IP nécessaires pour accéder à ses services.

La panne n'a pas seulement affecté les utilisateurs finaux, mais a également paralysé les outils internes de Facebook, rendant difficile pour les ingénieurs de diagnostiquer et de résoudre rapidement le problème. Les employés de Facebook ont rencontré des problèmes d'accès aux bâtiments et aux systèmes, ce qui a ajouté une couche de complexité à la gestion de la crise. Les systèmes de communication internes, bloqués par la panne, ont obligé les équipes à utiliser des moyens externes pour coordonner leurs efforts de récupération.

L'impact global a été énorme. Les utilisateurs de Facebook et Instagram ont été incapables de se connecter, de publier des mises à jour, ou de communiquer via les plateformes. Pour WhatsApp, qui est largement utilisé comme principal moyen de communication dans de nombreux pays, l'interruption a perturbé des conversations cruciales, affectant des familles, des entreprises et des services d'urgence. Des millions de petites entreprises qui dépendent de ces plateformes pour leurs activités commerciales et leur interaction avec les clients ont rapporté des pertes de revenus et des perturbations opérationnelles significatives.

Les entreprises qui utilisent Facebook pour la publicité et le marketing ont également été touchées. L'interruption a empêché les marques de lancer des campagnes publicitaires, de surveiller les performances des publicités en cours, et d'interagir avec leurs audiences. Cela a été particulièrement problématique en raison de la synchronisation avec les lancements de produits, les promotions, et les événements marketing planifiés.

La réponse de Facebook après l'incident a été marquée par des efforts intenses pour rétablir les services et fournir des explications transparentes aux utilisateurs et aux investisseurs. Une fois le problème de routage identifié, les ingénieurs ont travaillé sans relâche pour corriger la configuration et restaurer les connexions entre les centres de données. Les étapes de récupération ont impliqué des redémarrages de systèmes, des vérifications de l'intégrité des services, et des tests rigoureux pour s'assurer qu'aucune autre partie de l'infrastructure n'avait été compromise.

Les communications externes de Facebook ont fourni des mises à jour régulières sur le statut de la récupération, bien que certaines informations aient été initialement limitées en raison de la nature du problème. Les messages et les explications techniques publiés sur le blog de l'entreprise et via d'autres canaux ont aidé à clarifier la cause de la panne et les mesures prises pour éviter des incidents similaires à l'avenir.

En post-mortem, Facebook a procédé à une revue détaillée de l'incident pour en tirer des leçons et renforcer la résilience de ses systèmes. Les mesures correctives ont inclus des améliorations des protocoles de mise à jour de la configuration, des tests plus extensifs avant les déploiements, et l'amélioration des systèmes de secours et de redondance pour garantir la continuité des services en cas d'incident similaire. Facebook a également réexaminé ses protocoles de gestion de crise pour s'assurer que l'accès aux outils internes critiques ne soit pas compromis en cas de panne généralisée.

La panne de Facebook en 2021 a mis en lumière les vulnérabilités des grandes infrastructures technologiques et l'importance d'une gestion rigoureuse des configurations réseau. Ce fut un rappel que même les géants technologiques ne sont pas à l'abri des défaillances opérationnelles et que l'impact de ces incidents peut être profond, affectant des millions d'utilisateurs et d'entreprises dépendants de ces services. Pour Facebook, cela a constitué une opportunité d'améliorer ses systèmes et de renforcer la confiance des utilisateurs en sa capacité à fournir des services stables et résilients.

4.3 Incident de Microsoft Azure

Le 4 septembre 2018, Microsoft Azure, l'un des fournisseurs de services cloud les plus importants au monde, a subi une panne majeure qui a affecté des millions d'utilisateurs à travers le monde. Cette interruption a mis en lumière les vulnérabilités des infrastructures cloud et souligné l'importance de la résilience et de la redondance dans la gestion de tels systèmes complexes.

L'incident a commencé lorsqu'un orage puissant a provoqué une panne d'électricité dans le centre de données de l'ouest des États-Unis (US West) de Microsoft Azure. La coupure de courant initiale a déclenché une suite de défaillances en chaîne, affectant plusieurs services critiques. Malgré la présence de générateurs de secours, l'intensité de la tempête a endommagé les infrastructures de refroidissement, ce qui a affecté les performances et la disponibilité des serveurs.

Une fois l'alimentation électrique rétablie, les problèmes se sont poursuivis en raison de dysfonctionnements dans les systèmes de stockage de Microsoft Azure. Les systèmes de refroidissement n'ayant pas pu être restaurés immédiatement, les serveurs ont surchauffé, ce qui a provoqué des défaillances matérielles et la perte de données pour certains clients. Les équipes d'ingénieurs ont travaillé sans relâche pour réparer les dégâts et restaurer les services, mais le processus de récupération a été compliqué par la nécessité de préserver l'intégrité des données et de s'assurer que les systèmes étaient sécurisés avant de les remettre en ligne.

La panne, qui a duré presque 24 heures, a eu des répercussions étendues sur les utilisateurs de nombreux services Azure, y compris les machines virtuelles (VM), le stockage blob, SQL Database, et d'autres services de cloud critiques. Les clients d'Azure ont rencontré des interruptions d'accès à leurs applications et services hébergés, ce qui a perturbé les opérations commerciales et les activités quotidiennes d'un grand nombre d'entreprises.

Les services en ligne dépendant d'Azure ont également été touchés. Des applications populaires, utilisées à la fois par des consommateurs et des professionnels, ont enregistré des ralentissements et des interruptions. Des entreprises utilisant Azure pour leurs API critiques et leurs systèmes de back-end ont rapporté des difficultés à fournir des services constants à leurs clients finaux. Ces interruptions ont entraîné une frustration considérable et des pertes financières pour de nombreuses organisations.

La réponse de Microsoft à la crise a impliqué une coordination intensive entre ses équipes d'ingénierie, de support et de communication. Les ingénieurs de Microsoft ont entrepris des actions correctives pour rétablir les systèmes de refroidissement et les infrastructures électriques endommagées. Simultanément, des efforts ont été mis en œuvre pour restaurer les données perdues et relancer les services cloud de manière sécurisée et stable.

Microsoft a maintenu une communication transparente avec ses clients tout au long de la panne. Des mises à jour régulières ont été publiées via le tableau de bord de statut d'Azure et les canaux de communication de l'entreprise. Les clients ont été informés de l'état de progression des réparations, des causes de la panne, et des mesures prises pour éviter de futurs incidents similaires.

Après la résolution de l'incident, Microsoft a conduit une analyse post-mortem détaillée pour identifier les aspects de l'infrastructure et des processus opérationnels à améliorer. Cette analyse a mis en lumière l'importance des systèmes de prévention des pannes et la nécessité de renforcer les protocoles de gestion des opérations de maintenance et de réponse aux incidents.

Microsoft a pris plusieurs mesures pour prévenir la récurrence de tels événements. L'entreprise a amélioré ses systèmes de redondance pour les alimentations électriques et les infrastructures de refroidissement, garantissant que plusieurs niveaux de secours soient disponibles même en cas de conditions météorologiques extrêmes. Des procédures de tests rigoureux des infrastructures et des simulations de pannes ont été intégrées aux processus opérationnels réguliers pour s'assurer que les systèmes puissent résister à une variété de scénarios d'urgence.

En outre, Microsoft a renforcé ses mécanismes de surveillance automatisée pour détecter et répondre rapidement aux anomalies, avant qu'elles ne provoquent des interruptions significatives. L'entreprise a également intensifié ses programmes de formation pour les ingénieurs et les administrateurs systèmes, les familiarisant avec les meilleures pratiques de gestion des infrastructures cloud et les préparant à gérer les crises de manière efficace.

En conclusion, l'incident de Microsoft Azure en 2018 a illustré les défis complexes auxquels les opérateurs de services cloud sont confrontés et a fourni des leçons précieuses sur l'importance de la résilience des infrastructures et de la prévention proactive des pannes. En réponse à cet événement, Microsoft a pris des mesures significatives pour améliorer ses systèmes et ses processus, renforçant ainsi la fiabilité et la robustesse de ses services cloud pour mieux répondre aux besoins de ses clients globaux.

4.4 Défaillance de l'infrastructure Cloudflare

Le 2 juillet 2019, Cloudflare, un des plus grands fournisseurs mondiaux de services d'infrastructure internet, a subi une panne majeure qui a affecté une multitude de sites web et services en ligne pendant environ une demi-heure. Cette défaillance a souligné les risques inhérents à la centralisation des services critiques et la complexité des infrastructures modernes. L'incident a eu des répercussions significatives sur de nombreuses entreprises et utilisateurs à travers le monde.

La cause de la panne a été identifiée rapidement après l'incident. Un déploiement de configuration erroné dans l'une des politiques de pare-feu (WAF - Web Application Firewall) de Cloudflare a entraîné une saturation des processeurs des serveurs, provoquant une interruption massive des services. Essentiellement, une règle mal configurée a déclenché une augmentation exponentielle du CPU, surchargeant les systèmes et rendant les sites web et les services dépendants de Cloudflare inaccessibles.

L'impact de cette défaillance a été immédiat. Cloudflare, qui protège et accélère des millions de sites web, a vu une grande majorité de ses clients affectés. Les utilisateurs essayant d'accéder à des sites web protégés par Cloudflare ont reçu des messages d'erreur, rendant de nombreux services en ligne inutilisables. Les sites de commerce électronique, les applications de médias sociaux, les sites d'actualités et les forums communautaires ont tous souffert de cette interruption.

Des entreprises de toutes tailles, des petites startups aux grandes entreprises, ont ressenti les effets de la panne. Les commerçants en ligne ont signalé des pertes de ventes pendant la durée de l'interruption, et les plateformes de communication ont été incapables de transmettre des messages et des notifications en temps réel. Les utilisateurs finaux ont rencontré des frustrations en essayant d'accéder à des services essentiels pour leurs activités quotidiennes, ajoutant une pression sur les équipes de support et de service client des entreprises touchées.

La réponse de Cloudflare à l'incident a été rapide et transparente. L'équipe d'ingénierie a immédiatement commencé à analyser les logs et à identifier la configuration problématique. Une fois la cause déterminée, ils ont déployé un correctif pour les systèmes affectés, ce qui a contribué à rétablir progressivement les services. La communication avec les clients a été maintenue tout au long de la crise, avec des mises à jour fréquentes fournissant des détails sur l'état de la récupération et les étapes prises pour résoudre le problème.

En parallèle des efforts de résolution immédiate, Cloudflare a effectué une analyse post-mortem approfondie pour comprendre les failles dans les processus de configuration et de déploiement de leur WAF. Le rapport publié par Cloudflare a détaillé non seulement les causes techniques de l'incident, mais aussi les mesures correctives et préventives mises en œuvre pour éviter des pannes similaires à l'avenir.

Cloudflare a amélioré plusieurs aspects de ses protocoles internes en réponse à cet incident. Premièrement, l'entreprise a mis en place des contrôles supplémentaires pour valider les configurations avant leur déploiement dans l'environnement de production. Ces mesures incluent des tests automatisés plus rigoureux et des révisions manuelles par des ingénieurs de validation pour détecter et corriger les erreurs potentielles avant qu'elles n'affectent les systèmes de production.

Deuxièmement, Cloudflare a renforcé ses capacités de surveillance et d'alerte. Des systèmes de détection des anomalies de charge CPU et d'autres utilisations anormales des ressources ont été intégrés pour identifier rapidement et réagir aux situations de surcharge avant qu'elles ne provoquent des interruptions massives. Cette surveillance proactive permet aux équipes d'ingénierie d'intervenir plus rapidement et d'empêcher les effets en cascade d'une erreur de configuration.

Troisièmement, Cloudflare a augmenté ses efforts de formation interne, focalisant sur la sensibilisation aux meilleures pratiques de configuration et de gestion des règles de sécurité. Des programmes de recyclage et des formations continues ont été mis en place pour s'assurer que les ingénieurs restent bien informés des protocoles de sécurité et des nouveaux outils de validation.

Enfin, Cloudflare a investi dans l'amélioration de sa résilience globale par des implémentations de redondance accrue et la diversification de ses routes réseau. Cela comprend la mise en place de systèmes de sauvegarde et de secours pour garantir que les interruptions dans un segment des services ne perturbent pas l'ensemble de l'infrastructure.

En conclusion, la défaillance de l'infrastructure Cloudflare en 2019 a mis en lumière les défis techniques et opérationnels auxquels sont confrontés les fournisseurs de services internet modernes. Malgré l'ampleur et l'impact de la panne, les mesures prises par Cloudflare pour corriger les failles identifiées et renforcer la résilience de leurs services montrent un engagement à long terme envers la fiabilité et la sécurité de leur infrastructure.

4.5 Autres incidents notables

En plus des pannes majeures précédemment mentionnées, d'autres incidents notables ont marqué l'histoire récente des services cloud et des infrastructures technologiques. Ces incidents, bien que variés dans leurs causes et leurs impacts, illustrent les divers défis auxquels les entreprises de technologie sont confrontées et les conséquences potentiellement dévastatrices des interruptions de service.

Incident de l'API de Google Maps (2018)

Le 15 juillet 2018, une panne de l'API de Google Maps a provoqué des perturbations pour des millions de sites web et d'applications qui dépendent de ce service pour fournir des cartes, des itinéraires et des services de géolocalisation. Cette interruption a été provoquée par une mise à jour de configuration qui a introduit une surcharge sur les serveurs d'API, rendant les requêtes des utilisateurs impossibles à traiter correctement. Les entreprises utilisant l'API de Google Maps dans leurs plateformes de transport, de livraison et de services basés sur la localisation ont rapporté des interruptions de service significatives, affectant non seulement les opérations commerciales, mais aussi l'expérience utilisateur.

Panne de GitHub (2018)

Le 28 février 2018, GitHub, la plus grande plateforme d'hébergement de code au monde, a subi une attaque par déni de service distribué (DDoS) d'une ampleur sans précédent. Le pic de trafic a atteint 1,35 térabit par seconde, saturant l'infrastructure de GitHub et rendant le site inaccessible pendant plusieurs heures. Cette attaque a obligé GitHub à activer des contre-mesures d'urgence, faisant appel à son fournisseur de protection DDoS pour absorber le trafic malveillant et restaurer les services. L'incident a mis en évidence la vulnérabilité des plateformes de développement collaboratif et l'importance des solutions robustes de protection contre les attaques DDoS.

Défaillance de Slack (2020)

Le 1er février 2020, Slack, une des principales plateformes de messagerie professionnelle, a subi une panne majeure qui a duré plus de trois heures. L'incident a été causé par une surcharge des bases de données suite à une cascade de requêtes non optimisées, provoquant des retards et des erreurs pour des millions d'utilisateurs dans le monde entier. Les entreprises utilisant Slack pour la communication interne et la collaboration ont rencontré des interruptions, affectant la productivité et la coordination des équipes. Slack a rapidement déployé des correctifs pour surmonter la surcharge de la base de données et améliorer la résilience de ses services de communication.

Panne d'Oracle Cloud (2021)

Le 7 janvier 2021, Oracle Cloud a connu une panne significative qui a affecté les services de plusieurs clients internationaux. L'incident a découlé d'une mise à jour logicielle qui n'avait pas été correctement testée avant son déploiement, entraînant des défaillances dans le système de gestion des identités et des accès. Les utilisateurs d'Oracle Cloud ont eu des difficultés à authentifier et à accéder à leurs services cloud, ce qui a perturbé les opérations commerciales et la gestion des données critiques. Oracle a mis en place des mesures correctives d'urgence pour restaurer les services et a renforcé ses processus de validation des mises à jour logicielles pour éviter de futures pannes similaires.

Panne d'Akamai (2021)

Le 22 juillet 2021, Akamai Technologies, une entreprise de services d'infrastructure internet, a subi une panne de ses services DNS qui a provoqué des interruptions pour un grand nombre de sites web et de services en ligne, y compris des entreprises de commerce électronique, des institutions financières et des plateformes gouvernementales. L'incident, causé par une mauvaise configuration logicielle, a mis en évidence la dépendance critique aux services DNS pour la connectivité internet. Akamai a rapidement corrigé la configuration erronée et a renforcé ses procédures de gestion des configurations pour prévenir de futurs incidents.

Incident de Salesforce (2019)

Le 11 mai 2019, Salesforce, l'un des principaux fournisseurs de solutions CRM, a été frappé par un problème de permission qui a perturbé l'accès des utilisateurs à leurs environnements. Une mise à jour logicielle mal déployée a révoqué les permissions d'accès de dizaines de milliers d'utilisateurs, rendant leurs comptes inactifs et les empêchant d'accéder aux données et aux outils CRM critiques. L'incident a duré plusieurs heures, le temps que Salesforce rétablisse les permissions et assure un retour à la normale pour ses clients. Cet événement a mis en lumière l'importance des tests de mise à jour et de la gestion rigoureuse des permissions dans les systèmes basés sur le cloud.

En conclusion, ces incidents notables illustrent la diversité des causes potentielles de pannes dans les systèmes de cloud computing et d'infrastructures internet, allant des erreurs de configuration aux attaques malveillantes et aux défaillances matérielles. Chaque incident a fourni des points de réflexion et des opportunités pour renforcer la résilience des services, améliorer les procédures de test et de déploiement, et développer des stratégies de récupération face aux interruptions inévitables dans un monde de plus en plus connecté.

CHAPITRE 5 :
CONSÉQUENCES
SOCIÉTALES
DES PANNES
INFORMATIQUES

L es incidents précédents nous ont montré les effets immédiats des pannes informatiques, mais quelles sont les répercussions à plus long terme ? Ce chapitre analyse en profondeur les impacts économiques et sociaux des pannes informatiques, en explorant comment elles peuvent affecter non seulement les entreprises, mais aussi les individus et les économies nationales.

5.1 Impact sur les services publics

Les pannes informatiques peuvent avoir des conséquences dévastatrices sur les services publics, mettant en danger non seulement le fonctionnement quotidien de ces services mais aussi la sécurité et le bien-être des citoyens. Les incidents dans les infrastructures critiques, comprenant les systèmes de santé, les réseaux de transport, les services d'urgence et les administrations publiques, révèlent à quel point notre société moderne dépend de la technologie pour son bon fonctionnement.

Systèmes de santé

L'un des exemples les plus frappants de l'impact des pannes informatiques sur les services publics concerne les systèmes de santé. Lors de l'attaque WannaCry en 2017, le National Health Service (NHS) du Royaume-Uni a subi des perturbations majeures. Des dizaines d'hôpitaux et de cliniques ont été incapables d'accéder aux dossiers médicaux électroniques, obligeant les médecins et les infirmières à recourir aux méthodes papier pour les diagnostics et les traitements. De nombreuses opérations chirurgicales ont dû être annulées, les services d'urgence ont été redirigés, et les soins ont été retardés. Cette interruption a non seulement entraîné des coûts financiers importants mais a également compromis la qualité des soins prodigués aux patients.

Réseaux de transport

Les réseaux de transport, y compris les systèmes ferroviaires, les aéroports et les systèmes de gestion du trafic, sont également particulièrement vulnérables aux pannes informatiques. Par exemple, en juillet 2017, les systèmes informatiques de British Airways sont tombés en panne, provoquant l'annulation de plusieurs centaines de vols et perturbant les déplacements de milliers de passagers. La défaillance a été attribuée à une coupure de courant suivie d'une récupération mal gérée des systèmes. Les pannes dans les systèmes de gestion du trafic, tels que les feux de signalisation et les systèmes de contrôle de la circulation, peuvent entraîner des embouteillages massifs et augmenter le risque d'accidents.

Services d'urgence

Les services d'urgence, tels que les services de police, les pompiers et les ambulances, dépendent également fortement des systèmes informatiques pour la réception et la répartition des appels, la coordination des interventions et l'accès aux informations critiques. Toute panne dans ces systèmes peut avoir des conséquences fatales. Par exemple, une panne du système 911 aux États-Unis en 2020 a provoqué des retards dans la réponse aux appels d'urgence, compromettant la capacité des premiers intervenants à fournir une assistance rapide et efficace.

Administrations publiques

Les administrations publiques, y compris les services municipaux, les tribunaux et les agences de protection sociale, sont également vulnérables aux pannes informatiques. En 2018, une panne de la plateforme informatique de la mairie de la ville de Baltimore, causée par une attaque de ransomware, a paralysé les services municipaux pendant plusieurs semaines. Les résidents ont rencontré des difficultés pour effectuer des paiements d'impôts, obtenir des permis et accéder à d'autres services essentiels. La perturbation des services municipaux a également entraîné des pertes financières importantes pour la ville et a mis en lumière les failles de sécurité des systèmes informatiques publics.

Réseaux d'énergie

Les réseaux d'énergie, y compris les réseaux électriques et les gazoducs, dépendent de systèmes de contrôle industriels sophistiqués pour gérer la distribution et la consommation. Une panne dans ces systèmes peut provoquer des coupures de courant généralisées et des interruptions dans l'approvisionnement en gaz naturel. Par exemple, l'attaque informatique contre le réseau électrique en Ukraine en 2015 a causé des coupures de courant affectant des centaines de milliers de foyers. Cet incident a illustré les conséquences potentielles des cyberattaques sur les infrastructures critiques et la nécessité de renforcer la résilience des systèmes de contrôle industriel.

En conclusion, les pannes informatiques dans les services publics peuvent avoir de vastes répercussions, affectant la santé, la sécurité et le bien-être des citoyens. Ces incidents mettent en évidence l'importance de renforcer la résilience des infrastructures critiques et de mettre en place des plans de continuité des activités pour minimiser les impacts des pannes inévitables. La technologie joue un rôle central dans notre société moderne, et toute défaillance dans les systèmes informatiques peut avoir des conséquences significatives et de grande portée.

5.2 Conséquences pour les entreprises

Les pannes informatiques peuvent avoir des répercussions extrêmement impacts pour les entreprises, affectant leurs opérations, leur réputation, et leurs finances. Que ce soit en raison d'une défaillance technique, d'une erreur humaine ou d'une attaque malveillante, les entreprises de tous les secteurs sont vulnérables aux interruptions de service qui peuvent perturber leurs activités de manière significative.

Perturbations opérationnelles

Les pannes informatiques peuvent paralyser les opérations d'une entreprise, rendant impossibles les tâches critiques et freinant la productivité. Par exemple, lors de la panne AWS de 2017, de nombreuses entreprises utilisant les services cloud d'Amazon ont vu leurs applications et systèmes en ligne devenir inaccessibles. Cela a entraîné des interruptions de service pour des plateformes de commerce électronique, des services de streaming et d'autres applications clés. Les entreprises de commerce électronique ont été particulièrement touchées, avec des sites web incapables de traiter les commandes, ce qui a entraîné des perturbations dans les ventes et la gestion des stocks.

Perte de données et de temps

Les défaillances des systèmes informatiques peuvent également mener à une perte de données essentielles. Des incidents d'interruptions non planifiées ou des attaques de ransomware peuvent compromettre l'intégrité des données d'une entreprise, entraînant des nécessités de restaurations complexes et parfois irréalisables des informations perdues. Lors de l'incident de WannaCry, plusieurs entreprises du secteur manufacturier et des services financiers ont rapporté des pertes de données critiques et ont dû mobiliser des ressources considérables pour restaurer leurs systèmes et récupérer leurs informations. Le temps consacré à la récupération des données est non seulement coûteux mais ralentit également les opérations normales de l'entreprise.

Impact financier

Les pannes informatiques ont des implications financières directes et indirectes. Les coûts immédiats incluent la mobilisation des équipes de support technique pour diagnostiquer et résoudre les problèmes, tandis que les coûts indirects peuvent inclure la perte de revenus en raison de l'indisponibilité des services, les indemnités demandées par les clients affectés, et les pertes de productivité. Par exemple, la panne de Microsoft Azure en 2018, causée par une tempête et une coupure de courant prolongée, a coûté des millions de dollars à de nombreuses entreprises en pertes d'opportunités commerciales et de productivité.

Atteinte à la réputation

La réputation d'une entreprise peut également souffrir de pannes informatiques, surtout si elles affectent les clients de manière visible et significative. Dans le cas de la panne de Facebook en 2021, les utilisateurs individuels et les entreprises utilisant les plateformes pour leurs activités commerciales ont exprimé leur frustration publiquement, sur les réseaux sociaux et d'autres forums. L'incapacité de se connecter et d'utiliser les services pendant plusieurs heures a altéré la confiance des utilisateurs dans la fiabilité de l'entreprise. Les entreprises peuvent devoir augmenter leurs efforts de communication et de gestion de crise pour restaurer leur image de marque et regagner la confiance des clients après de telles interruptions.

Influence sur la relation client

Les pannes peuvent affecter la relation entre l'entreprise et ses clients, en particulier si les services fournis sont critiques pour les opérations des clients. Par exemple, lors de la panne de Cloudflare en 2019, de nombreuses entreprises clientes ont dû faire face à des interruptions de leur propre service, entraînant la frustration et la satisfaction réduite de leurs propres clients. Les attentes en matière de disponibilité et de fiabilité des services sont élevées, et les entreprises doivent être capables de répondre rapidement et efficacement pour éviter d'endommager les relations à long terme avec leurs clients.

Conformité et régulation

Dans certains secteurs, les pannes informatiques peuvent également entraîner des complications réglementaires. Les institutions financières, par exemple, doivent se conformer à des réglementations strictes en matière de sécurité des données et de résilience opérationnelle. Les défaillances peuvent attirer l'attention des régulateurs, entraînant des enquêtes approfondies, des sanctions financières et des exigences de mise en conformité plus strictes. Une exposition prolongée aux pannes peut aussi créer une perception de manque de fiabilité et une pression accrue de la part des régulateurs pour renforcer les mesures de sécurité et les plans de continuité des services.

En somme, les conséquences des pannes informatiques pour les entreprises sont considérables et multiformes. Elles vont au-delà des perturbations immédiates pour inclure des impacts à long terme sur la réputation, les finances, et les relations client. Les entreprises doivent donc investir dans des stratégies robustes de résilience et de gestion des crises pour atténuer les effets des interruptions inévitables et protéger leurs opérations et leur image de marque. Tirant les leçons des incidents passés, comme les pannes d'AWS, Microsoft Azure, Cloudflare et autres, les entreprises peuvent renforcer leurs infrastructures et mises en place de plans d'urgence capables de garantir une continuité des activités malgré les défis informatiques.

5.3 Effets sur les individus

Les pannes informatiques, bien qu'affectant principalement les grandes infrastructures et les entreprises, ont également des répercussions directes et significatives sur les individus. Que ce soit dans leur vie quotidienne, leurs interactions sociales ou leurs activités professionnelles, les individus peuvent subir un large éventail de perturbations et de désagréments en raison des interruptions de services technologiques.

Perturbations de la vie quotidienne

Les pannes informatiques peuvent perturber de nombreux aspects de la vie quotidienne des individus. Par exemple, lors de la panne de Facebook en 2021, des millions de personnes à travers le monde ont été incapables d'accéder à leurs comptes Facebook, Instagram et WhatsApp. Ces plateformes de médias sociaux jouent un rôle crucial dans les communications personnelles, l'organisation d'événements, et la connexion avec des amis et des proches. L'indisponibilité des services a perturbé les conversations, les partages de photos et d'informations, et la coordination d'activités sociales, créant une frustration généralisée.

Incapacité à accéder aux services essentiels

Les pannes informatiques peuvent également empêcher les individus d'accéder à des services essentiels. Par exemple, lors de la panne d'AWS en 2017, des services en ligne tels que les systèmes bancaires en ligne, les plateformes de paiement et les services de livraison ont été interrompus, rendant difficile pour les consommateurs de réaliser des transactions financières, de payer des factures, ou de suivre leurs commandes. Cette incapacité à accéder aux services essentiels peut causer des inconvénients majeurs, en particulier pour ceux qui dépendent fortement des services en ligne pour leurs besoins quotidiens.

Interruption des activités professionnelles

Pour les professionnels, les pannes informatiques peuvent

entraîner des interruptions significatives dans leurs activités professionnelles. Les travailleurs à distance, par exemple, dépendent souvent de plateformes de communication et de collaboration en ligne telles que Slack ou Microsoft Teams pour coordonner leurs tâches et interagir avec leurs collègues. Lors d'une panne, leur capacité à travailler efficacement est compromise, ce qui peut entraîner des retards dans les projets, des pertes de productivité, et une augmentation du stress et de la frustration. De même, les freelances et les entrepreneurs qui utilisent des services cloud pour gérer leurs activités peuvent être incapables d'accéder à leurs fichiers, de traiter des commandes, ou de communiquer avec leurs clients.

Problèmes de sécurité et de confidentialité

Les pannes informatiques peuvent également exposer les individus à des risques de sécurité et de confidentialité. Les interruptions de services peuvent parfois être l'occasion pour des attaquants d'exploiter des vulnérabilités et de compromettre des données personnelles. Par exemple, lors de l'attaque de ransomware WannaCry, de nombreuses personnes ont vu leurs fichiers personnels cryptés, avec une demande de rançon pour les récupérer. La perte d'accès à des données sensibles, telles que des informations financières, des documents personnels, et des photos privées, peut avoir des conséquences dévastatrices sur la vie des individus.

Dépendance accrue à la technologie

L'omniprésence des technologies dans les aspects de la vie quotidienne signifie que les pannes informatiques mettent en évidence notre dépendance accrue à ces technologies. L'incapacité à accéder à des services numériques peut rendre les individus plus conscients de cette dépendance et de la vulnérabilité associée. Cette prise de conscience peut conduire à un sentiment d'impuissance et de frustration, en particulier lorsqu'aucune solution rapide n'est disponible pour rétablir les services.

Stress émotionnel et impact psychologique

Les pannes informatiques peuvent également générer un stress émotionnel et un impact psychologique sur les individus. L'incertitude quant à la durée de la panne, l'incapacité à accomplir des tâches importantes, et la perturbation des routines quotidiennes peuvent provoquer de l'anxiété et du stress chez les utilisateurs. Pour certaines personnes, en particulier celles qui dépendent des technologies pour leur communication et leur gestion quotidienne, ces interruptions peuvent entraîner des sentiments d'isolement et d'inquiétude.

Dégradation de la confiance dans les services numériques

En outre, les pannes informatiques fréquentes ou prolongées peuvent éroder la confiance des utilisateurs dans les services numériques. Les individus peuvent devenir plus sceptiques quant à la fiabilité des plateformes en ligne et des services cloud, les incitant à rechercher des alternatives ou à adopter des comportements de sauvegarde plus prudents. Cette perte de confiance peut également affecter les habitudes de consommation et réduire l'adoption de nouvelles technologies.

En conclusion, les pannes informatiques ont des effets profonds et variés sur les individus, perturbant leurs vies quotidiennes, leurs activités professionnelles, et leur interaction avec les services numériques. La dépendance croissante à la technologie signifie que les interruptions de service peuvent causer des inconvénients significatifs et créer du stress émotionnel. La prospective de ces impacts souligne l'importance de renforcer la résilience des systèmes technologiques et de mettre en place des mesures de soutien pour les utilisateurs en cas de panne.

5.4 Réponses des gouvernements

Face aux effets dévastateurs des pannes informatiques sur les services publics, les entreprises et les individus, les gouvernements ont pris des mesures pour renforcer la sécurité et la résilience des infrastructures critiques. Les réponses des gouvernements à ces événements varient, mais elles incluent généralement la mise en place de régulations strictes, la promotion de la coopération internationale, le soutien à la recherche et au développement, et le renforcement des capacités de réponse aux incidents.

Régulations et législations

Pour prévenir les interruptions de services causées par des pannes informatiques, de nombreux gouvernements ont adopté des régulations et des législations spécifiques concernant la cybersécurité et la protection des infrastructures critiques. Par exemple, l'Union européenne a mis en œuvre la Directive NIS (Network and Information Security) en 2016, qui impose aux États membres de renforcer la sécurité de leurs réseaux et systèmes informatiques. Cette directive exige des opérateurs de services essentiels et des fournisseurs de services numériques qu'ils mettent en place des mesures de sécurité adéquates et qu'ils signalent les incidents majeurs aux autorités compétentes. Les entreprises doivent se conformer à des normes strictes de cybersécurité pour protéger leurs infrastructures contre les attaques et les défaillances.

De même, aux États-Unis, le Cybersecurity and Infrastructure Security Agency Act de 2018 a établi la CISA (Cybersecurity and Infrastructure Security Agency), qui travaille à renforcer la sécurité des infrastructures critiques à l'échelle nationale. En outre, des réglementations telles que le California Consumer Privacy Act (CCPA) fixent des exigences strictes en matière de protection des données personnelles, ce qui pousse les entreprises à adopter des pratiques de sécurité plus solides pour éviter des violations de données.

Coopération internationale

Les gouvernements reconnaissent l'importance de la coopération internationale pour lutter contre les menaces mondiales de cybersécurité. Les cyberattaques et les pannes informatiques ne connaissent pas de frontières, et la collaboration transnationale est essentielle pour répondre efficacement à ces défis. Par exemple, le Forum mondial sur la cybersécurité (Global Forum on Cyber Expertise) réunit des gouvernements, des entreprises, et des organisations internationales pour échanger des connaissances et des meilleures pratiques en matière de cybersécurité. Des accords bilatéraux et multilatéraux facilitent également le partage d'informations sur les menaces et les réponses aux incidents.

Des exercices internationaux de simulation de cyberincidents, tels que l'initiative Cyber Storm organisée par le Department of Homeland Security aux États-Unis, permettent de tester et d'améliorer la coordination entre les gouvernements et les secteurs privés en cas d'attaque de grande envergure. Ces exercices visent à renforcer la résilience globale des infrastructures critiques et à préparer les parties prenantes à réagir rapidement et de manière coordonnée en cas de panne majeure.

Soutien à la recherche et au développement

Les gouvernements investissent également dans la recherche et le développement (R&D) pour améliorer la sécurité et la résilience des systèmes informatiques. Des fonds publics sont alloués à des programmes de R&D visant à développer des technologies de sécurité avancées, à identifier de nouvelles menaces et à mettre au point des solutions innovantes pour protéger les infrastructures critiques. Par exemple, l'Agence nationale de la recherche (ANR) en France soutient des projets de recherche en cybersécurité par le biais du programme RA-Cybersecurity, qui vise à renforcer les capacités de défense et de protection des systèmes d'information.

Des partenariats public-privé sont également encouragés pour accélérer le développement et l'adoption de technologies de cybersécurité. En collaborant avec des entreprises technologiques, des start-ups et des institutions académiques, les gouvernements peuvent tirer parti de l'innovation pour renforcer la protection des infrastructures critiques. Ces collaborations favorisent la diffusion des connaissances et des technologies de pointe dans le domaine de la cybersécurité.

Renforcement des capacités de réponse aux incidents

Les gouvernements mettent en place des organismes spécialisés et des unités de cybersécurité dédiées pour renforcer leurs capacités de réponse aux incidents. Ces agences travaillent à la détection et à la prévention des cyber-menaces, à la coordination des réponses en cas d'attaques, et à la récupération après des pannes informatiques. Par exemple, le Centre National de Cybersécurité (NCSC) au Royaume-Uni, créé en 2016, joue un rôle crucial dans la protection des infrastructures critiques et la coordination des réponses aux incidents de cybersécurité.

Des initiatives de formation et de sensibilisation sont également mises en œuvre pour renforcer les compétences en cybersécurité parmi les employés des infrastructures critiques et les responsables gouvernementaux. Des programmes de certification, des ateliers de formation, et des campagnes de sensibilisation visent à améliorer la préparation et la résilience face aux pannes informatiques.

En conclusion, les réponses des gouvernements aux pannes informatiques impliquent la mise en œuvre de régulations strictes, la promotion de la coopération internationale, le soutien à la recherche et au développement, et le renforcement des capacités de réponse aux incidents. Ces mesures visent à renforcer la sécurité et la résilience des infrastructures critiques, à protéger les services publics et les entreprises, et à minimiser les impacts des interruptions de services sur les individus. La coopération et la coordination à l'échelle nationale et internationale jouent un rôle central dans la lutte contre les cybermenaces et les pannes informatiques.

5.5 Stratégies d'adaptation des entreprises

Les entreprises doivent adopter des stratégies robustes pour se préparer aux pannes informatiques inévitables et minimiser leurs répercussions sur leurs opérations. Ces stratégies incluent la mise en œuvre de mesures préventives, la préparation à la gestion de crise, et l'établissement de plans de reprise. En investissant dans la résilience et en apprenant des incidents passés, les entreprises peuvent améliorer leur capacité à faire face aux interruptions de service.

Mise en œuvre de mesures préventives

L'une des premières étapes pour les entreprises est de mettre en place des mesures de sécurité préventives afin de réduire les vulnérabilités et de prévenir les pannes potentielles. Cela inclut la mise à jour régulière des logiciels et des systèmes avec les derniers correctifs de sécurité. Les entreprises doivent assurer une gestion rigoureuse des correctifs pour éviter que des failles connues ne soient exploitées par des attaquants. Par exemple, la diffusion de l'attaque WannaCry a montré l'importance de l'application rapide des correctifs pour sécuriser les systèmes contre les vulnérabilités critiques.

La mise en place de pare-feux avancés et de systèmes de détection et de prévention des intrusions peut également aider à identifier et à bloquer les tentatives d'attaque avant qu'elles ne causent des dommages significatifs. Les entreprises doivent également envisager des mécanismes de segmentation des réseaux pour limiter la propagation des pannes et des attaques dans leurs infrastructures.

Formation et sensibilisation des employés

Une autre stratégie clé consiste à former et sensibiliser les employés aux meilleures pratiques en matière de cybersécurité. De nombreuses pannes informatiques sont causées par des erreurs humaines, souvent liées à un manque de connaissance ou de vigilance en matière de sécurité. Les entreprises doivent organiser régulièrement des sessions de formation pour leurs employés, couvrant des sujets tels que la reconnaissance des emails de phishing, l'importance de l'authentification multifactorielle, et les protocoles à suivre en cas de suspicion d'intrusion.

La création de programmes de sensibilisation continue permet de maintenir un haut niveau de vigilance parmi les employés et de réduire le risque d'erreurs humaines. En développant une culture de la cybersécurité, les entreprises peuvent renforcer la première ligne de défense contre les menaces informatiques.

Planification de la gestion de crise

Les entreprises doivent également élaborer des plans de gestion de crise pour être prêtes à réagir rapidement et efficacement en cas de panne informatique. Ces plans doivent inclure des lignes directrices claires sur la communication pendant la crise, la mobilisation des équipes de réponse, et les procédures de restauration des services. La création d'équipes de réponse aux incidents dédiées, composées de membres expérimentés en gestion de crise, peut faciliter la coordination des efforts de récupération.

Les exercices réguliers de simulation de crise, ou table-top exercises, permettent de tester ces plans et d'identifier les points faibles à améliorer. Par exemple, les scénarios de simulation peuvent inclure des pannes de système, des attaques de ransomware, ou des violations de données. En apprenant à gérer ces situations dans un environnement de test, les entreprises peuvent mieux se préparer à réagir de manière coordonnée et efficace en cas de véritable crise.

Plans de reprise après sinistre

Les plans de reprise après sinistre (PRA) sont essentiels pour garantir la continuité des activités après une panne informatique majeure. Ces plans doivent inclure des stratégies de sauvegarde régulières et sécurisées pour protéger les données critiques de l'entreprise. Les sauvegardes doivent être stockées hors site ou dans des environnements de stockage cloud sécurisés pour garantir leur disponibilité en cas de défaillance des systèmes principaux.

La mise en place de solutions de restauration automatique et de tests réguliers des processus de récupération peut assurer que les données sensibles peuvent être restaurées rapidement et efficacement. Les entreprises doivent évaluer leurs systèmes de reprise après sinistre pour vérifier qu'ils répondent à leurs besoins spécifiques et qu'ils peuvent minimiser les temps d'arrêt et les pertes de données.

Adoption de stratégies multi-cloud

Pour se protéger contre les pannes de service d'un seul fournisseur de cloud, les entreprises peuvent adopter des stratégies multi-cloud. En diversifiant leurs actifs numériques sur plusieurs fournisseurs cloud, elles peuvent réduire le risque d'une interruption généralisée due à une panne de service spécifique. Par exemple, les entreprises peuvent déployer leurs applications et services sur AWS, Azure et Google Cloud simultanément pour assurer une redondance et une résilience accrues.

L'utilisation de cette approche offre également des avantages en termes de flexibilité et d'optimisation des coûts, car les entreprises peuvent choisir les meilleurs services et offres de chaque fournisseur en fonction de leurs besoins spécifiques.

Surveillance et analyse

Enfin, les entreprises doivent mettre en place des systèmes de surveillance et d'analyse en temps réel pour détecter rapidement les anomalies et les événements de sécurité. Les solutions de surveillance avancées, intégrées à l'intelligence artificielle et à l'apprentissage automatique, peuvent aider à identifier les modèles de comportement inhabituels et à prévenir les pannes avant qu'elles ne se produisent.

L'analyse des journaux de sécurité et des incidences précédentes permet également d'améliorer les défenses et de développer des approches proactives pour atténuer les risques. En tirant parti des données et de l'analyse, les entreprises peuvent constamment affiner leurs stratégies de cybersécurité et de gestion des pannes.

En conclusion, les entreprises doivent adopter des stratégies robustes d'adaptation pour minimiser les impacts des pannes informatiques. En investissant dans la prévention, la formation, la gestion de crise, les plans de reprise après sinistre, les stratégies multi-cloud et la surveillance, elles peuvent renforcer leur résilience et assurer la continuité de leurs opérations face aux interruptions inévitables des services technologiques. Les leçons tirées des incidents passés soulignent l'importance de la préparation et de la vigilance dans un environnement numérique en constante évolution.

CHAPITRE 6 :
PRÉVENTION DES
PANNES FUTURES

A yant compris les graves conséquences des pannes informatiques, il est temps de se tourner vers les mesures de prévention. Ce chapitre détaille les stratégies et les meilleures pratiques pour comprendre les risques, renforcer la sécurité des systèmes, et mettre en place des plans de continuité des activités. La prévention est la clé pour minimiser les risques et assurer la résilience des infrastructures critiques.

6.1 Comprendre les risques et les vulnérabilités

Pour prévenir efficacement les pannes futures, il est essentiel de commencer par une compréhension approfondie des risques et des vulnérabilités auxquels les systèmes informatiques sont exposés. Cette compréhension permet d'identifier les points faibles potentiels et de mettre en place des mesures adéquates pour les mitiger. Une approche proactive et bien informée est cruciale pour renforcer la résilience des infrastructures et garantir la continuité des services.

Évaluation des risques

L'évaluation des risques est une étape fondamentale dans la compréhension des vulnérabilités. Elle implique une analyse détaillée des actifs technologiques de l'organisation, de leur valeur, et des menaces potentielles auxquelles ils sont exposés. Les entreprises doivent répertorier tous leurs actifs numériques, y compris les systèmes, les applications et les données, et évaluer leur importance pour les opérations quotidiennes. Cette répartition permet de prioriser les ressources à protéger en fonction de leur criticité.

L'évaluation des risques comprend également l'identification des menaces internes et externes. Les menaces internes peuvent inclure les erreurs humaines, les défaillances matérielles et les configurations incorrectes, tandis que les menaces externes couvrent les attaques cybernétiques telles que les malwares, les ransomwares et les attaques DDoS. Une analyse des tendances en matière de cybermenaces et de l'historique des incidents passés peut fournir des insights précieux pour anticiper et se préparer aux futures attaques.

Analyse de la vulnérabilité

L'analyse de la vulnérabilité consiste à identifier et à évaluer les failles spécifiques des systèmes informatiques susceptibles d'être exploitées par des attaquants. Cela inclut la recherche de failles de sécurité dans le matériel, les logiciels et les configurations. Les entreprises doivent utiliser des outils de scanning de vulnérabilité pour détecter les failles connues dans leurs systèmes et applications. Ces scans doivent être effectués régulièrement pour s'assurer que toutes les nouvelles vulnérabilités sont identifiées et corrigées rapidement.

Les tests de pénétration, ou pentests, sont une méthode supplémentaire pour évaluer la sécurité des systèmes. Ces tests simulent des attaques réelles pour identifier les faiblesses et évaluer l'efficacité des contrôles de sécurité existants. Les résultats des pentests permettent de définir des priorités pour les mesures correctives et d'améliorer la posture de sécurité globale de l'organisation.

Cartographie des dépendances

La cartographie des dépendances est une autre étape cruciale pour comprendre les risques. Les systèmes informatiques modernes sont souvent interconnectés, et une défaillance dans un sous-système peut avoir des répercussions en cascade sur d'autres parties de l'infrastructure. En cartographiant les dépendances entre les différents systèmes, applications et services, les entreprises peuvent identifier les points de défaillance potentiels et développer des stratégies pour atténuer les impacts en cas de panne.

Cette cartographie aide également à mettre en lumière les dépendances critiques vis-à-vis des fournisseurs tiers, tels que les services cloud et les applications SaaS. Les entreprises doivent évaluer les risques liés à ces dépendances et s'assurer que leurs partenaires disposent de mesures de sécurité et de continuité adéquates.

Évaluation de l'impact

L'évaluation de l'impact potentiel des pannes est une étape essentielle pour comprendre les conséquences des vulnérabilités identifiées. Les entreprises doivent analyser les impacts financiers, opérationnels et réputationnels des interruptions de service. Cette analyse inclut la quantification des pertes potentielles de revenus, les coûts de rétablissement, et l'impact sur la satisfaction client et la réputation de l'entreprise.

L'évaluation de l'impact aide à justifier les investissements dans les mesures de prévention et de résilience. Elle permet également de hiérarchiser les initiatives de sécurité en fonction de leur importance pour la continuité des activités et le maintien de la confiance des clients.

Feuille de route pour la gestion des risques

Sur la base des évaluations de risques et de vulnérabilités, les entreprises doivent élaborer une feuille de route pour la gestion des risques. Cette feuille de route définit les actions spécifiques à entreprendre pour atténuer les vulnérabilités identifiées et renforcer les mesures de sécurité. Elle doit inclure des objectifs clairs, des échéances et des responsabilités pour chaque initiative de sécurité.

La feuille de route doit être dynamique et adaptable pour répondre aux nouvelles menaces et aux changements dans le paysage technologique. Les entreprises doivent régulièrement revoir et mettre à jour leur feuille de route pour s'assurer qu'elle reste alignée avec les objectifs de sécurité et les besoins opérationnels.

En conclusion, comprendre les risques et les vulnérabilités est une étape cruciale pour prévenir les pannes futures et garantir la résilience des systèmes informatiques. Les évaluations de risques, les analyses de vulnérabilité, la cartographie des dépendances et l'évaluation de l'impact permettent d'identifier les points faibles et de développer des stratégies adéquates pour les atténuer. En élaborant une feuille de route pour la gestion des risques, les entreprises peuvent renforcer la sécurité de leurs infrastructures et se préparer efficacement aux futures interruptions de services.

6.2 Renforcer la sécurité des systèmes

Le renforcement de la sécurité des systèmes informatiques est une étape cruciale pour prévenir les pannes futures et protéger les infrastructures critiques contre les menaces diverses. Les entreprises doivent adopter une approche holistique et continuer à ajuster leurs pratiques et technologies pour garantir la protection de leurs actifs numériques. Voici quelques stratégies clés pour renforcer la sécurité des systèmes.

Mise en place de pare-feux et de systèmes de détection des intrusions

Les pare-feux sont des composants essentiels des infrastructures de sécurité informatique. Ils régulent le trafic entrant et sortant selon des règles de sécurité préétablies, empêchant les accès non autorisés et protégeant les réseaux contre les menaces externes. En plus des pare-feux réseau traditionnels, les entreprises doivent également considérer l'intégration de pare-feux applicatifs (WAF) pour protéger les applications web contre des attaques spécifiques comme les injections SQL et les cross-site scripting (XSS).

Les systèmes de détection des intrusions (IDS) et les systèmes de prévention des intrusions (IPS) sont également cruciaux. Les IDS surveillent le réseau et les systèmes à la recherche de signes d'activités malveillantes et alertent les administrateurs de sécurité lorsqu'une menace potentielle est détectée. Les IPS vont plus loin en intervenant automatiquement pour isoler, bloquer ou éliminer les menaces détectées. Une combinaison de pare-feux, d'IDS et d'IPS peut offrir une couche protectrice robuste contre les intrusions.

Utilisation de l'authentification multifactorielle (MFA)

L'authentification multifactorielle (MFA) est une méthode de sécurité qui renforce la protection des comptes utilisateur en exigeant plusieurs formes de vérification avant de permettre l'accès. En plus de demander un mot de passe, la MFA peut exiger une seconde forme d'identification, telle qu'un code envoyé sur un appareil mobile ou une empreinte digitale. Cette pratique réduit considérablement le risque d'accès non autorisé, même si les mots de passe sont compromis.

L'implémentation de la MFA doit être généralisée à tous les systèmes et applications critiques. Elle doit être intégrée dans les protocoles de connexion des utilisateurs finaux ainsi que dans les processus d'authentification pour les administrateurs et les comptes privilégiés.

Sécurisation des configurations des systèmes

Une configuration sécurisée des systèmes est indispensable pour minimiser les vulnérabilités. Cela inclut la désactivation des services et des ports inutiles, la configuration des paramètres de sécurité selon les meilleures pratiques, et la mise en place de politiques strictes de gestion des accès. Les entreprises doivent adopter une approche fondée sur les moindres privilèges, accordant aux utilisateurs uniquement les autorisations nécessaires pour accomplir leurs tâches.

Les configurations de sécurité doivent être régulièrement vérifiées et mises à jour en fonction des nouvelles vulnérabilités et des correctifs de sécurité publiés par les fournisseurs. Les entreprises peuvent utiliser des outils de gestion de la conformité pour automatiser ces vérifications et assurer une configuration sécurisée de leurs systèmes à tout moment.

Mise à jour et correctifs de sécurité

La mise à jour régulière des logiciels et des systèmes avec les correctifs de sécurité publiés par les fournisseurs est essentielle pour protéger contre les vulnérabilités connues. Les entreprises doivent mettre en place des processus automatisés pour appliquer ces correctifs dans les plus brefs délais. Le déploiement des mises à jour doit être précédé de phases de test pour s'assurer qu'elles n'interfèrent pas avec les opérations normales des systèmes.

En plus des correctifs logiciels, les mises à jour de firmware et des systèmes d'exploitation doivent également être effectuées régulièrement. Les entreprises doivent suivre les bulletins de sécurité des fournisseurs et les directives des autorités de cybersécurité pour rester informées des dernières vulnérabilités et correctifs disponibles.

Chiffrement des données

Le chiffrement des données est crucial pour protéger les informations sensibles contre l'accès non autorisé. Les entreprises doivent utiliser des techniques de chiffrement robustes pour sécuriser les données en transit et au repos. Les protocoles de chiffrement tels que TLS (Transport Layer Security) doivent être utilisés pour sécuriser les communications entre les systèmes et les utilisateurs.

Les données critiques doivent être stockées dans des bases de données et des systèmes de stockage chiffrés. Les clés de chiffrement doivent être gérées et stockées de manière sécurisée pour garantir qu'elles ne peuvent pas être compromises. Les entreprises doivent également mettre en œuvre des solutions de chiffrement des disques pour protéger les données sur les appareils des utilisateurs et les périphériques de stockage externes.

Surveillance continue et réponse aux incidents

La surveillance continue des réseaux, des systèmes et des applications est essentielle pour détecter et répondre rapidement aux menaces potentielles. Les solutions de gestion des informations et des événements de sécurité (SIEM) permettent de collecter et d'analyser les journaux de sécurité en temps réel pour identifier les comportements suspects et les incidents de sécurité.

Les entreprises doivent également établir des plans de réponse aux incidents détaillés, incluant des procédures pour la détection, la communication, l'investigation et la remédiation des incidents de sécurité. Des équipes de réponse aux incidents dédiées doivent être formées et équipées pour gérer les attaques et les violations de données, minimisant ainsi les impacts des incidents.

En conclusion, renforcer la sécurité des systèmes implique une combinaison de mesures préventives et réactives. En mettant en place des contrôles de sécurité solides, en utilisant des techniques de chiffrement, en sécurisant les configurations, en appliquant régulièrement les mises à jour et correctifs, et en assurant une surveillance continue, les entreprises peuvent protéger efficacement leurs infrastructures contre les menaces et minimiser les risques de pannes futures. La sécurité des systèmes est un processus continu qui nécessite une vigilance constante et une adaptation aux évolutions technologiques.

6.3 Formation et sensibilisation des employés

La formation et la sensibilisation des employés jouent un rôle essentiel dans la prévention des pannes informatiques et la protection des infrastructures critiques. Étant donné que de nombreuses pannes et incidents de sécurité sont causés par des erreurs humaines ou des comportements imprudents, éduquer les employés sur les meilleures pratiques de cybersécurité est une composante clé de toute stratégie de résilience informatique.

Programmes de formation continue

Les entreprises doivent mettre en place des programmes de formation continue en cybersécurité pour tous les employés, indépendamment de leur rôle ou de leur niveau de responsabilité. Ces programmes doivent couvrir une gamme étendue de sujets, incluant les concepts de base de la cybersécurité ainsi que des aspects plus avancés selon les besoins spécifiques de l'entreprise. Les sessions de formation peuvent inclure des modules sur la reconnaissance des menaces communes telles que le phishing, la gestion sécurisée des mots de passe, et les politiques d'utilisation acceptable des ressources informatiques.

La fréquence et la régularité de ces formations sont critiques pour s'assurer que les employés restent informés des dernières menaces et des nouvelles techniques de sécurisation. Les formations peuvent être délivrées sous forme de cours en ligne, d'ateliers en présentiel, de webinaires, et de simulations pratiques pour varier les formats et maintenir l'engagement des participants.

Séances de sensibilisation aux cybermenaces

En plus des programmes de formation continue, les entreprises doivent organiser des séances de sensibilisation régulières pour informer les employés des dernières cybermenaces et des incidents récents. Ces séances peuvent inclure des présentations sur les nouvelles vulnérabilités découvertes, des analyses post-mortem d'incidents de sécurité, et des discussions sur les meilleures pratiques pour se protéger contre ces menaces.

Par exemple, des études de cas récentes telles que les attaques de ransomware et les failles de sécurité dans les systèmes connus peuvent être utilisées pour illustrer les risques potentiels et les mesures de prévention. Ces séances permettent de maintenir un haut niveau de vigilance parmi les employés et de renforcer la culture de la cybersécurité au sein de l'organisation.

Simulations de phishing

Les campagnes de phishing sont l'une des méthodes les plus courantes utilisées par les cybercriminels pour pénétrer les systèmes d'une entreprise. Pour éduquer les employés à identifier et à éviter les tentatives de phishing, les entreprises peuvent organiser des simulations de phishing. Ces simulations envoient des emails factices imitant des attaques de phishing réelles aux employés pour tester leur réactivité et leur capacité à détecter de tels messages.

Les résultats des simulations de phishing peuvent être utilisés pour identifier les employés ou les départements nécessitant une formation supplémentaire. Les entreprises peuvent fournir un retour d'information constructif aux participants pour les aider à comprendre les indices révélateurs des emails de phishing et les encourager à signaler toute activité suspecte à leur équipe de sécurité informatique.

Encouragement à la signalisation des incidents

Les entreprises doivent encourager une culture où les employés se sentent à l'aise de signaler toute activité suspecte ou tout incident de sécurité potentiels sans crainte de répercussions. Une communication claire sur les procédures de signalement des incidents doit être établie, et les employés doivent savoir comment et à qui signaler de telles activités.

Offrir des incitations pour le signalement proactif des incidents peut également motiver les employés à être plus vigilants. En favorisant une culture de responsabilité partagée, les entreprises peuvent détecter les menaces potentielles plus rapidement et réduire la probabilité que des incidents de sécurité passent inaperçus.

Développement de protocoles de sécurité

Les entreprises doivent développer et distribuer des protocoles de sécurité clairs et détaillés que les employés doivent suivre dans leurs activités quotidiennes. Ces protocoles doivent inclure des directives sur la gestion des mots de passe, l'utilisation de l'authentification multifactorielle (MFA), les pratiques sûres de navigation sur le web, et le traitement sécurisé des données sensibles.

Les protocoles de sécurité doivent être constamment mis à jour pour refléter les dernières menaces et les meilleures pratiques de l'industrie. Les employés doivent être informés des mises à jour et des changements apportés aux protocoles, et des sessions de formation doivent être organisées pour s'assurer qu'ils comprennent et adoptent ces nouvelles directives.

Formation spécifique pour les administrateurs et les employés stratégiques

Outre la formation générale destinée à tous les employés, les entreprises doivent offrir une formation spécialisée pour les administrateurs système et les employés occupant des rôles stratégiques. Ces personnes ont souvent accès à des informations critiques et des privilèges de système élevés, ce qui en fait des cibles privilégiées pour les attaquants.

La formation pour ces groupes doit inclure des sujets avancés tels que la gestion de l'accès privilégié, la configuration sécurisée des systèmes, la réponse aux incidents de sécurité, et l'évaluation des vulnérabilités. En développant des compétences spécialisées chez ces employés, les entreprises peuvent renforcer leur défense en profondeur et améliorer leur capacité à réagir rapidement et efficacement aux menaces.

En conclusion, la formation et la sensibilisation des employés sont des éléments fondamentaux pour renforcer la sécurité des systèmes et prévenir les pannes. En mettant en place des programmes de formation continue, des sessions de sensibilisation, des simulations de phishing, et en encourageant une culture de signalisation des incidents, les entreprises peuvent éduquer leurs employés sur les meilleures pratiques de cybersécurité et réduire le risque d'erreurs humaines susceptibles de mener à des pannes informatiques. Investir dans la formation en cybersécurité contribue à créer une infrastructure résiliente et capable de résister aux menaces évolutives.

6.4 Développement de plans de continuité et de reprise

Les plans de continuité des activités (PCA) et de reprise après sinistre (PRS) sont essentiels pour garantir que les entreprises puissent surmonter rapidement et efficacement les interruptions de service causées par des pannes informatiques. Ces plans définissent les procédures à suivre pour maintenir les opérations essentielles, restaurer les systèmes et minimiser les impacts négatifs sur l'entreprise. Voici les principales étapes et considérations pour développer des PCA et PRS robustes.

Identification des processus critiques

La première étape dans le développement de PCA et de PRS consiste à identifier les processus critiques pour l'entreprise. Cela implique une analyse détaillée des opérations de l'entreprise pour déterminer quels systèmes, applications et données sont essentiels à la continuité des activités. Les entreprises doivent établir des priorités en fonction de l'impact potentiel des interruptions sur les revenus, la réputation, la conformité réglementaire et la satisfaction des clients.

Cette identification permet de créer une hiérarchie des actifs technologiques, facilitant ainsi la planification des ressources nécessaires pour assurer leur disponibilité en cas de panne.

Évaluation des besoins en continuité et en reprise

Une fois les processus critiques identifiés, les entreprises doivent évaluer leurs besoins en continuité et en reprise. Cela comprend la détermination des objectifs de temps de récupération (RTO) et des objectifs de point de récupération (RPO) pour chaque processus et système critique. Le RTO définit le délai maximum acceptable pour restaurer un service après une panne, tandis que le RPO détermine la quantité maximale de données pouvant être perdue, exprimée en temps, sans affecter de manière significative les opérations.

Ces objectifs doivent être réalistes et alignés avec les capacités techniques de l'organisation. Ils servent de base pour le développement des stratégies de reprise et des procédures de sauvegarde.

Stratégies de sauvegarde et de restauration

Les stratégies de sauvegarde des données sont une composante clé des PCA et PRS. Les entreprises doivent mettre en place des solutions de sauvegarde régulières, automatisées et sécurisées pour protéger les données critiques. Les sauvegardes doivent être stockées dans des emplacements diversifiés, incluant des sites hors ligne et des environnements de stockage cloud pour garantir leur disponibilité en cas de défaillance des systèmes principaux.

Les procédures de restauration des données doivent être clairement définies et testées régulièrement pour s'assurer qu'elles fonctionnent correctement. Les entreprises doivent définir des processus détaillés pour restaurer les systèmes et les applications, en priorisant les actifs critiques selon les RTO et RPO établis.

Plans de reprise après sinistre

Les plans de reprise après sinistre détaillent les actions spécifiques à entreprendre pour restaurer les opérations après une panne majeure. Ces plans doivent inclure des scénarios de diverses natures, tels que les pannes matérielles, les cyberattaques, les catastrophes naturelles et les erreurs humaines. Chaque scénario doit être accompagné d'un ensemble de procédures claires pour évaluer l'impact de l'incident, mobiliser les équipes de réponse, et coordonner la restauration des services.

Les PRS doivent également définir les rôles et les responsabilités de chaque membre de l'équipe de réponse, y compris les contacts des parties prenantes internes et externes, telles que les fournisseurs de services cloud, les partenaires technologiques et les régulateurs. La communication efficace pendant une crise est cruciale pour assurer une coordination sans faille et minimiser les temps d'arrêt.

Exercices de simulation et tests réguliers

Pour garantir l'efficacité des PCA et PRS, les entreprises doivent organiser des exercices de simulation et des tests réguliers. Ces exercices permettent de tester les plans dans des conditions réalistes, d'identifier les lacunes et d'apporter les ajustements nécessaires. Les tests incluent des simulations de pannes, des basculements vers des sites de reprise, et des restaurations de sauvegardes.

Les résultats des exercices et des tests doivent être documentés et analysés pour améliorer continuellement les plans. Les leçons apprises doivent être intégrées dans les procédures et les stratégies de reprise pour renforcer la résilience de l'organisation.

Mise en place de sites de reprise

La mise en place de sites de reprise est une autre composante essentielle des PRS. Les sites de reprise, qu'ils soient physiques ou virtuels, servent de lieux alternatifs pour héberger les systèmes et les applications critiques en cas de panne du site principal. Ces sites doivent être équipés de l'infrastructure nécessaire pour prendre en charge les opérations de l'entreprise, comprenant du matériel redondant, des connexions réseau sécurisées, et l'accès aux sauvegardes de données.

Les entreprises doivent évaluer les différentes options de sites de reprise, telles que les centres de données secondaires, les services de cloud public et les solutions de reprise en tant que service (RaaS). Le choix du site de reprise dépend des exigences spécifiques en termes de RTO et de RPO, ainsi que des considérations de coût et de performance.

Documentation et mise à jour des plans

Les PCA et PRS doivent être soigneusement documentés et mis à jour régulièrement pour refléter les changements technologiques et organisationnels. La documentation doit inclure des instructions détaillées pour chaque étape des procédures de continuité et de reprise, ainsi que des diagrammes des flux de travail et des listes de contacts d'urgence.

Les plans doivent être révisés au moins une fois par an, ou plus fréquemment si des changements majeurs surviennent dans les systèmes, les processus ou l'infrastructure de l'entreprise. Les mises à jour doivent être communiquées à toutes les parties prenantes concernées et intégrées dans les programmes de formation et de sensibilisation des employés.

En conclusion, le développement de plans de continuité des activités et de reprise après sinistre est crucial pour minimiser les impacts des pannes informatiques sur les opérations de l'entreprise. En identifiant les processus critiques, en évaluant les besoins en continuité et en reprise, en mettant en place des stratégies de sauvegarde et de restauration, et en organisant des exercices de simulation réguliers, les entreprises peuvent renforcer leur résilience et garantir la continuité de leurs services même en cas d'interruption majeure. La révision et la mise à jour continue des plans assurent leur pertinence et leur efficacité face aux évolutions technologiques et aux nouvelles menaces.

6.5 Innovation technologique pour une meilleure résilience

L'innovation technologique joue un rôle crucial dans l'amélioration de la résilience des infrastructures informatiques. Les avancées en matière de cybersécurité, de gestion des données et de technologies de récupération permettent aux entreprises de renforcer leurs défenses contre les cybermenaces et de garantir la continuité des services en cas de panne. Voici quelques-unes des innovations technologiques clés qui contribuent à une meilleure résilience.

Intelligence Artificielle et Machine Learning

L'intelligence artificielle (IA) et le machine learning (ML) révolutionnent la manière dont les entreprises détectent et répondent aux cybermenaces. Les outils basés sur l'IA et le ML peuvent analyser de vastes quantités de données en temps réel pour identifier des schémas de comportement anomaux et des activités suspectes. Ces technologies permettent d'anticiper proactivement les menaces et de déclencher des actions de mitigation avant qu'elles ne causent des dommages.

Les systèmes de détection des intrusions et les solutions de gestion des informations et des événements de sécurité (SIEM) intégrant l'IA et le ML offrent une vue plus précise et plus rapide des menaces potentielles. Ces technologies permettent également d'automatiser certaines réponses aux incidents, réduisant ainsi les temps de réaction et minimisant les impacts des attaques.

Réseaux de redondance et de tolérance aux pannes

Les réseaux de redondance et de tolérance aux pannes sont des éléments essentiels pour garantir la résilience des infrastructures informatiques. Les technologies de mise en réseau avancée, telles que les réseaux définis par logiciel (SDN), permettent de créer des architectures réseau flexibles et adaptatives. Les SDN offrent la possibilité de rediriger dynamiquement le trafic en cas de défaillance d'un segment du réseau, maintenant ainsi la continuité des services.

Les architectes réseau peuvent également utiliser des techniques de maillage et de multi-chemins pour assurer que les données peuvent être acheminées via des routes alternatives en cas de panne. Les réseaux résilients combinent la redondance physique avec des capacités de répartition de charge pour améliorer la disponibilité et les performances globales.

Stockage et récupération dans le cloud

Les solutions de stockage et de récupération de données basées sur le cloud offrent des avantages considérables en termes de résilience et de flexibilité. Les fournisseurs de services cloud proposent des options de sauvegarde et de récupération automatisées, permettant de protéger les données critiques avec des configurations de sauvegarde fréquentes et géo-redondantes. En cas de panne, les entreprises peuvent restaurer rapidement leurs données à partir de copies de sauvegarde stockées dans différentes régions géographiques.

Les architectures de stockage en cloud, telles que les systèmes de stockage object-based comme Amazon S3 et Azure Blob Storage, offrent une scalabilité et une durabilité élevées. Les entreprises peuvent tirer parti de ces technologies pour créer des environnements de stockage résilients, capables de résister aux pannes et de garantir l'intégrité des données.

Blockchain pour la sécurité des transactions

La technologie blockchain est de plus en plus utilisée pour renforcer la sécurité des transactions et la résilience contre les fraudes. Les blockchains offrent une architecture distribuée et immuable qui garantit l'intégrité des données et empêche les altérations non autorisées. Cette technologie est particulièrement avantageuse pour les industries telles que la finance, la logistique et la chaîne d'approvisionnement, où la transparence et la traçabilité sont cruciales.

En utilisant des blockchains privées ou autorisées, les entreprises peuvent sécuriser leurs transactions internes et créer des registres inviolables des opérations. La résilience des blockchains découle de leur nature décentralisée, qui rend difficile pour les attaquants de cibler un seul point de défaillance.

Services de reprise en tant que service (RaaS)

Les services de reprise en tant que service (RaaS) offrent une récupération rapide et efficace des systèmes critiques après un incident. Les solutions RaaS automatisent les processus de basculement vers des environnements de sauvegarde sécurisés, en utilisant l'infrastructure cloud pour minimiser les temps de récupération. Les entreprises peuvent configurer des politiques de basculement automatisées pour garantir que les systèmes et les applications critiques restent disponibles, même en cas de panne majeure.

Les fournisseurs de RaaS offrent des services de surveillance, de test et de mise à jour réguliers pour s'assurer que les environnements de reprise sont toujours prêts à être activés. Cette approche externalisée permet aux entreprises de se concentrer sur leurs activités principales tout en bénéficiant des avantages de la résilience et de la continuité des services.

Sécurité Zero Trust

Le modèle de sécurité Zero Trust est une approche qui ne considère aucun utilisateur ou appareil comme étant implicitement fiable, même s'il se trouve à l'intérieur du périmètre du réseau de l'entreprise. Cette méthode nécessite une vérification continue de chaque tentative d'accès lorsqu'elle est effectuée, en fonction de l'identité des utilisateurs et de leur niveau d'autorisation.

Les technologies améliorant le modèle Zero Trust incluent l'authentification multifactorielle (MFA), la gestion des accès privilégiés (PAM), et l'utilisation de micro-segmentation pour isoler les systèmes et les applications critiques. En adoptant une architecture Zero Trust, les entreprises peuvent réduire le risque de mouvement latéral des attaquants dans le réseau et limiter l'impact des brèches de sécurité.

En conclusion, l'innovation technologique est un facteur clé pour améliorer la résilience des infrastructures informatiques. Les avancées en IA et ML, les réseaux de redondance, le stockage et la récupération dans le cloud, la blockchain, les services RaaS et l'approche Zero Trust sont autant d'outils et de stratégies qui permettent aux entreprises de renforcer leur résilience face aux pannes et aux attaques informatiques. En adoptant et en intégrant ces innovations, les entreprises peuvent protéger leurs opérations, garantir la continuité des services et améliorer leur capacité à surmonter les défis technologiques.

6.6 Collaboration et partage d'informations

La collaboration et le partage d'informations jouent un rôle crucial dans la prévention des pannes informatiques et la protection des infrastructures critiques contre les cybermenaces. En travaillant ensemble, les entreprises, les gouvernements et les organisations de cybersécurité peuvent renforcer la résilience globale en échangeant des connaissances, des bonnes pratiques et des outils pour se défendre contre les attaques. Voici les principaux aspects de la collaboration et du partage d'informations dans le domaine de la sécurité informatique.

Partenariats public-privé

Les partenariats public-privé sont essentiels pour renforcer la cybersécurité à l'échelle nationale et internationale. Les gouvernements et les entreprises doivent collaborer pour partager des informations sur les menaces, développer des stratégies de défense communes et coordonner les réponses aux incidents. Ces partenariats permettent de tirer parti des ressources et des expertises de chaque secteur pour améliorer la protection des infrastructures critiques et des services essentiels.

Les centres de partage et d'analyse des informations (ISAC) sont des exemples de ces partenariats. Ils fournissent une plateforme pour le partage d'informations sur les menaces entre les entreprises d'un même secteur d'activité et les agences gouvernementales. Les ISAC permettent une communication rapide et sécurisée des informations concernant les attaques en cours, les vulnérabilités découvertes et les techniques de mitigation efficaces.

Coopération internationale

La coopération internationale est cruciale pour lutter contre les cybermenaces mondialement répandues. Les cyberattaques ne respectent pas les frontières nationales, et une réponse efficace nécessite la collaboration entre pays et organisations internationales. Des initiatives comme le Forum mondial sur la cybersécurité (Global Forum on Cyber Expertise) et le Groupe de travail sur la cybersécurité de l'Organisation pour la sécurité et la coopération en Europe (OSCE) facilitent la coopération transnationale.

Les pays peuvent également signer des accords bilatéraux et multilatéraux pour partager des informations sur les menaces, les techniques de défense et les meilleures pratiques. Ces accords renforcent la collaboration entre les services de renseignement, les autorités de régulation et les équipes de réponse aux incidents de différents pays.

Partage en temps réel des informations sur les menaces

Le partage en temps réel des informations sur les menaces est essentiel pour une réponse rapide et efficace aux cyberattaques. Les plateformes d'échange d'informations automatisées, comme les systèmes de gestion des informations et des événements de sécurité (SIEM) et les plateformes de partage d'indicateurs de compromission (IOC), permettent aux organisations de partager rapidement des informations sur les menaces émergeantes.

Ces plateformes facilitent la collecte et l'analyse des données sur les menaces, fournissant aux entreprises des renseignements exploitables pour renforcer leurs défenses. Le partage en temps réel permet également d'identifier rapidement des tendances et des campagnes d'attaques coordonnées, améliorant ainsi la capacité de réaction collective.

Communautés de cybersécurité

Les communautés de cybersécurité, telles que les forums, les groupes de discussion et les conférences, jouent un rôle important dans le partage des connaissances et le renforcement de la collaboration entre les experts en sécurité. Des événements comme la conférence Black Hat, DEF CON et les forums organisés par l'International Information System Security Certification Consortium (ISC)² permettent aux professionnels de la sécurité de se rencontrer, de partager des recherches et d'échanger des idées innovantes.

En participant à ces communautés, les entreprises peuvent rester à jour sur les dernières tendances en matière de cybersécurité, les nouvelles vulnérabilités découvertes et les techniques de défense avancées. Ces interactions favorisent également le développement de réseaux professionnels solides, offrant des opportunités de collaboration et de soutien mutuel.

Exercices de simulation de crise

Les exercices de simulation de crise, également appelés tables-top exercises, sont des initiatives de collaboration importantes pour tester et améliorer la préparation aux incidents de cybersécurité. Ces simulations impliquent des scénarios de crise réalistes dans lesquels les participants doivent coordonner leurs réponses et mettre en œuvre leurs plans de réponse aux incidents. Les exercices peuvent inclure des organisations de divers secteurs, ainsi que des partenaires gouvernementaux et internationaux.

Par exemple, l'initiative Cyber Storm, organisée par le Department of Homeland Security (DHS) aux États-Unis, est la plus grande simulation de cybersécurité du monde. Elle réunit des entités publiques et privées pour tester leur capacité à répondre à des cyberattaques complexes et coordonnées. Ces exercices amènent les participants à identifier les lacunes dans leurs plans, à améliorer leur communication et à renforcer leur résilience face aux attaques réelles.

Projets de recherche collaboratifs

Les projets de recherche collaboratifs entre les institutions académiques, les entreprises technologiques et les gouvernements contribuent aussi au développement de solutions avancées pour la cybersécurité. Les initiatives de recherche s'appuyant sur des financements publics et privés explorent de nouveaux concepts et technologies pour répondre aux défis émergents de la cybersécurité.

Ces projets permettent de combiner les ressources et les connaissances des différentes parties prenantes pour créer des innovations robustes. Par exemple, les programmes financés par l'Union européenne, comme Horizon 2020, soutiennent des projets de recherche en cybersécurité, impliquant des partenaires de l'industrie, des universités et des centres de recherche pour développer des solutions novatrices axées sur la protection des infrastructures critiques.

En conclusion, la collaboration et le partage d'informations sont essentiels pour améliorer la résilience des infrastructures informatiques face aux cybermenaces. Les partenariats public-privé, la coopération internationale, le partage en temps réel des informations sur les menaces, la participation aux communautés de cybersécurité, les exercices de simulation de crise et les projets de recherche collaboratifs permettent aux organisations de se préparer efficacement, de renforcer leur sécurité et de réagir rapidement et coordonnément aux incidents. La synergie résultant de ces collaborations contribue à renforcer collectivement la cybersécurité et à protéger les infrastructures critiques dans un environnement de plus en plus interconnecté.

CHAPITRE 7 :
L'INCIDENT
MICROSOFT-
CROWDSTRIKE
(JUILLET 2024)

Pour conclure notre exploration des pannes informatiques, nous examinons un incident récent et pertinent : la panne de juillet 2024 impliquant Microsoft et CrowdStrike. Cet événement nous permet de voir comment les principes de prévention et de réponse aux incidents, discutés dans les chapitres précédents, s'appliquent dans un contexte récent.

7.1 Description succincte de l'incident

Origine de l'incident

Le 19 juillet 2024, une mise à jour défectueuse du logiciel antivirus de CrowdStrike a provoqué une panne mondiale affectant de nombreux services Microsoft. La mise à jour a introduit une corruption dans le fichier "csagent.sys", un composant clé du logiciel de sécurité. Cette défaillance a conduit à des interruptions majeures des systèmes protégés par CrowdStrike, impactant notamment les services Microsoft Office 365.

Début de la panne

Les premiers signes de la panne ont été signalés tôt le matin du 19 juillet, lorsque les utilisateurs ont commencé à rencontrer des problèmes d'accès à diverses applications Microsoft. La cause initiale a été rapidement identifiée comme étant liée à une mise à jour défectueuse de CrowdStrike, déployée peu de temps avant le début des interruptions. La mise à jour corrompue a provoqué des plantages du système, entraînant des erreurs critiques et des écrans bleus (BSOD), empêchant les ordinateurs de démarrer correctement.

Nature du problème

Le fichier "csagent.sys" de CrowdStrike, essentiel pour le bon fonctionnement du logiciel de cybersécurité, a été corrompu par une mise à jour. Cette corruption a entraîné des conflits avec les systèmes d'exploitation Windows, causant des plantages et des erreurs critiques. La nature de ce problème réside dans l'incompatibilité introduite par la mise à jour défectueuse, affectant la stabilité des systèmes et empêchant les utilisateurs d'accéder à leurs services habituels. Les ingénieurs de Microsoft et de CrowdStrike ont dû collaborer étroitement pour diagnostiquer et isoler la source de la défaillance.

Solutions temporaires

Pour atténuer les effets de cette panne, Microsoft a conseillé aux utilisateurs de démarrer leurs ordinateurs en mode sans échec afin de supprimer manuellement le fichier "csagent.sys". Cette solution temporaire visait à restaurer l'accès aux systèmes affectés en contournant le composant corrompu. Parallèlement, CrowdStrike a travaillé sur le déploiement d'un correctif pour résoudre le problème de manière définitive. Les efforts conjoints de Microsoft et de CrowdStrike ont permis de restaurer progressivement les services affectés et de minimiser les perturbations pour les utilisateurs et les entreprises.

Solutions définitives

CrowdStrike a finalement annoncé avoir identifié et déployé un correctif pour résoudre la panne informatique majeure ayant affecté ses services. La panne, qui a perturbé de nombreux utilisateurs, a été causée par un problème technique identifié par l'équipe de CrowdStrike. L'entreprise de cybersécurité a assuré que ses systèmes étaient désormais stabilisés et pleinement opérationnels, minimisant les risques de répercussions à long terme pour ses clients.

7.2 Propagation et impact initial

Services affectés

La panne mondiale a touché plusieurs services critiques de Microsoft, notamment Office 365, Azure, et les services cloud associés. Les utilisateurs ont rencontré des difficultés pour accéder à leurs emails, documents, et autres applications de productivité. Les entreprises et les institutions dépendant de ces services ont subi des interruptions significatives, perturbant leurs opérations quotidiennes.

Répercussions sur les utilisateurs et les entreprises

Les impacts ont été particulièrement sévères dans les secteurs de la finance, des transports et des médias. Des aéroports, comme ceux de Sydney, Berlin, et Madrid, ont rapporté des perturbations majeures, entraînant des retards et des annulations de vols. Les compagnies aériennes telles qu'Air France et Delta Airlines ont été contraintes de gérer des problèmes informatiques en cascade. Aux États-Unis, le système d'appel d'urgence 911 a été temporairement inaccessible, tandis qu'en Australie, plusieurs banques, dont la Commonwealth Bank, ont rencontré des difficultés pour effectuer des transferts d'argent. Les supermarchés comme Woolworths ont également été affectés, avec des caisses en libre-service hors service, créant des files d'attente et des frustrations chez les clients.

En Europe, les services de télécommunications ont été touchés, avec des problèmes signalés chez des opérateurs comme Orange et des chaînes de télévision telles que TF1, CNEWS, et RTL, où les émissions ont été perturbées par des problèmes techniques. La situation a été aggravée par la nécessité pour les administrateurs système de supprimer manuellement le fichier défectueux "csagent.sys", un processus long et complexe pour les entreprises avec des infrastructures IT étendues. En France, bien que les aéroports d'Orly et Roissy n'aient pas été directement touchés, ils ont subi des retards en raison des perturbations rencontrées par les compagnies aériennes. La Bourse de Paris a également enregistré une légère baisse, les investisseurs s'inquiétant des répercussions économiques de la panne.

Impact économique et réaction des entreprises

Les répercussions économiques ont été immédiates, avec une baisse de l'action de CrowdStrike de près de 17% et une diminution de 2,5% pour Microsoft avant l'ouverture de Wall Street. La gestion de crise par les deux entreprises a été critiquée pour sa lenteur initiale, bien que des efforts de communication et des mesures correctives aient été rapidement mises en place pour stabiliser la situation.

Cet incident a souligné la dépendance accrue des infrastructures critiques aux solutions de cybersécurité et a mis en évidence la nécessité d'une résilience accrue face aux défaillances des systèmes. Les entreprises ont été contraintes de réévaluer leurs stratégies de gestion des risques et de continuité des activités pour mieux se préparer à de futures perturbations.

7.3 Conséquences

Impact à court terme

L'incident a immédiatement entraîné une perturbation massive des opérations quotidiennes pour des millions d'utilisateurs et d'entreprises à travers le monde. Les organisations dépendant des services Microsoft ont dû faire face à des interruptions de service prolongées, impactant la productivité et les revenus. Les retards et les annulations de vols, les problèmes bancaires, et les interruptions de services télévisuels ont généré une frustration généralisée parmi les clients et les utilisateurs finaux.

Réponse des entreprises

Microsoft et CrowdStrike ont été contraints de réagir rapidement pour limiter les dommages. Des correctifs ont été déployés pour résoudre le problème, et des recommandations ont été émises pour que les utilisateurs redémarrent leurs systèmes en mode sans échec pour supprimer le fichier corrompu. Cette situation a mis en lumière la nécessité pour les entreprises de disposer de plans de continuité des affaires robustes pour faire face à de telles crises.

Impact sur la réputation et la confiance

La réputation de CrowdStrike a été sévèrement touchée, avec une chute significative de sa valeur boursière. Microsoft a également subi une perte de confiance de la part de ses utilisateurs, bien que la société ait pu atténuer une partie des dommages en réagissant rapidement et en communiquant efficacement sur les mesures prises pour résoudre le problème. Cet incident a souligné l'importance cruciale de la fiabilité et de la sécurité des mises à jour logicielles.

Implications pour la cybersécurité

L'incident a soulevé des questions importantes sur la gestion des mises à jour de sécurité et la résilience des infrastructures critiques. Les entreprises ont été poussées à revoir leurs stratégies de gestion des risques et à renforcer leurs protocoles de vérification avant le déploiement de mises à jour critiques. Il a également mis en évidence la nécessité d'une collaboration étroite entre les fournisseurs de services de cybersécurité et leurs clients pour assurer une réponse rapide et efficace aux incidents.

Leçons apprises

Cet incident a servi de rappel brutal des vulnérabilités inhérentes aux infrastructures technologiques modernes. Les entreprises ont appris l'importance de la redondance et de la préparation aux incidents. Les utilisateurs ont également pris conscience de la nécessité de suivre les meilleures pratiques en matière de sécurité informatique pour minimiser les risques associés aux mises à jour de logiciels.

En conclusion, l'incident Microsoft-CrowdStrike de juillet 2024 a eu des conséquences profondes sur les entreprises et les utilisateurs, soulignant la nécessité d'une vigilance accrue et d'une préparation continue face aux menaces et aux défaillances potentielles dans le domaine de la cybersécurité.

CONCLUSION

L es pannes informatiques, qu'elles soient causées par des erreurs humaines, des défaillances techniques ou des attaques malveillantes, ont des conséquences profondes sur notre société moderne. Elles affectent les services publics, les entreprises et les individus, révélant la dépendance croissante envers les systèmes technologiques dans tous les aspects de la vie quotidienne. À travers des études de cas telles que l'attaque WannaCry, la panne d'AWS, et les incidents touchant Google Cloud, Facebook, Microsoft Azure et Cloudflare, nous avons vu comment ces pannes peuvent paralyser les opérations, compromettre la sécurité et entraîner des pertes financières considérables.

Pour faire face à ces défis, il est vital de développer des stratégies de résilience qui incluent la compréhension des risques et des vulnérabilités, le renforcement de la sécurité des systèmes, la formation et la sensibilisation des employés, et la mise en place de plans de continuité et de reprise après sinistre. Les avancées technologiques telles que l'intelligence artificielle, les réseaux de redondance, les solutions de cloud et la blockchain offrent des outils puissants pour protéger les infrastructures critiques et améliorer la résilience.

De plus, la collaboration et le partage d'informations sont essentiels pour renforcer la cybersécurité à une échelle globale. Les partenariats public-privé, la coopération internationale, les exercices de simulation de crise et les projets de recherche collaboratifs permettent de développer des stratégies communes et de réagir rapidement et efficacement aux menaces émergentes.

La résilience informatique ne peut être atteinte qu'à travers une combinaison de mesures proactives et réactives. En investissant dans la prévention, en préparant des plans robustes de gestion de crise et de reprise, et en adoptant les innovations technologiques, les entreprises et les gouvernements peuvent s'assurer que les systèmes critiques restent opérationnels même en cas de perturbation majeure. La cybersécurité est un domaine en constante évolution, et il est crucial de rester vigilant et de continuer à s'adapter face aux nouvelles menaces.

Ce livre a illustré l'importance de préparer notre monde connecté aux défis informatiques actuels et futurs. En renforçant la sécurité et la résilience de nos systèmes, nous pouvons protéger notre société contre les conséquences dévastatrices des pannes informatiques et garantir la continuité des services essentiels sur lesquels nous comptons quotidiennement.

www.ingramcontent.com/pod-product-compliance
Lightning Source LLC
LaVergne TN
LVHW022125060326
832903LV00063B/4027